Hedwig Geilen

Kommt - eßt und trinkt!

Werkbuch
für die Kursleitung

Hedwig Geilen

Kommt - eßt und trinkt!

Erstkommunionvorbereitung - mit allen Sinnen

Werkbuch für die Kursleitung

Mit Fotos von Irmgard Adrian

Kösel

Dieser Vorbereitungskurs »Kommt – eßt und trinkt« umfaßt folgende Teile:

- Werkbuch für die Kursleitung
- Werkbuch für Katechetinnen und Katecheten
- Arbeitsmappe für Kinder
- Geschenkbuch »Zur Erinnerung an die Erstkommunion«

ISBN 3-466-50616-6

Druck und Bindung: Kösel, Kempten
Umschlag: Elisabeth Petersen, Glonn
Umschlagmotiv: Christine Paxmann, München
1 2 3 4 5 · 97 96 95 94 93

Gedruckt auf umweltfreundlich hergestelltem Werkdruckpapier (säurefrei und chlorfrei gebleicht)

Inhalt

Vorwort

Kommunion erleben – steht als Leitmotiv über meiner Arbeit mit mehreren Gruppen von Katecheten und Katechetinnen. Ziel ist die Vermittlung eines am Kind orientierten Weges der Erstkommunionvorbereitung.
Bereits mehrere Male konnte ich diese Form der Kommunionvorbereitung durchführen. Zu den Teilnehmern zählten Priester, Pastoral- und GemeindereferentenInnen, ReligionslehrerInnen, Mütter und Väter.
Zu den Veranstaltungen wurde durch das Katholische Bildungswerk Aachen eingeladen. Heinrich K. Bahnen, Leiter des Bildungswerkes, hat diese Arbeit durch beratende Gespräche begleitet. Ohne seine Unterstützung hätte diese Arbeit nicht entstehen können. Ich möchte mich herzlich dafür bedanken. Danken möchte ich auch Gabi Laumen, Pastoralreferentin und Teilnehmerin meiner Fortbildung. Sie wirkte entscheidend bei der Entstehung und Durchführung dieses Buches mit. Darüber hinaus danke ich Irmgard Adrian für ihre Mitarbeit als Fotografin. Sie hielt während meiner Studienwochen wesentliche Augenblicke fest. Schließlich möchte ich Pfarrer Konrad Mohr und Dr. Ulrike-Manuela Klein für Hinweise und Unterstützung bei der Entstehung dieses Buches Dank sagen.
Meine am Kind und den beteiligten Erwachsenen orientierte Kommunionvorbereitung lebt ganz wesentlich von meinen Erfahrungen als Montessori-Erzieherin und als Mutter. Gerne möchte ich aber auch an dieser Stelle auf die Zeitschrift »Religionspädagogische Praxis« hinweisen. Manche der dort vorgeschlagenen Inhalte, Methoden und Materialien gaben mir aufgrund meiner pädagogischen Herkunft wertvolle Anregungen (vgl. das »Werkbuch für Katechetinnen und Katecheten«, S.10).
Wenn ich auf die vielen Jahre meiner Tätigkeit mit Erwachsenen und Kindern zurückblicke, dann vermerke ich dankbar – ohne es im einzelnen heute noch nachweisen zu können –, daß auch durch die Beiträge meiner TeilnehmerInnen und die verarbeiteten Lektüreerfahrungen diese Erstkommunionvorbereitung wachsen konnte.
Mit den nun folgenden Seiten wende ich mich an alle, die Freude an der Arbeit mit KatechetInnen und zugleich Freude am kreativen und meditativen Tun haben. Ich möchte sie einladen, sich auf neue Wege der Erstkommunionvorbereitung einzulassen und Kommunion zu *erleben.*

Zur Einführung

1. Das religionspädagogische und theologische Anliegen

Der folgende *Weg* der Vorbereitung auf die Erstkommunion in der Arbeit mit KatechetInnen ist ein Weg der ganzheitlichen *Erfahrung* und des *Erlebens* zum *Glauben-Können*, zu *Jesus* und *Gott* hin. Dabei geht es nicht darum, Jesus und Gott aufzudrängen, sondern einen *Weg* zu Jesus und Gott zu eröffnen. Es handelt sich also um neue Wege, nicht um neue Inhalte der Kommunionvorbereitung.
Die zugewandte Seite Gottes ist Jesus. Ganz allein gelassen sind wir also in unseren Bemühungen um Gott nicht: Da, wo das Kind Gott begegnet, kann ich als Erwachsener zurücktreten. Es tut uns gut, daran zu denken, daß wir in diesem Bereich nicht die Veranstalter sind, denn Gott ist immer früher da als der/die KatechetIn.
Die KatechetInnen erleben diesen Weg als Hilfe, ihre Beziehung zu Jesus und Gott neu zu entdecken, zu begreifen und zu feiern; ihr Leben sinnvoll zu gestalten, mit dem Herzen sehen zu lernen und glücklicher zu sein.
Aus ihrer Erfahrung heraus können die KatechtenInnen diesen *Glaubensweg* mit Kindern gehen und am Ende feststellen, daß es ein Weg des Kindes *und* des Erwachsenen gewesen ist.
Der Weg führt immer auch über das Zur-Ruhe-Kommen in Stille und Andacht. Mit Hilfe von Eutonieübungen oder anderen Entspannungsübungen z.B. kann Ruhe und Ausgeglichenheit erreicht werden. (Die Übungen werden häufig als heilend erfahren.) Darüber hinaus erfährt der einzelne nicht nur mehr Gelassenheit im Augenblick, sondern im Hinblick auf das folgende kreative Tun. So führt der Weg weiter über das Erfahren und Improvisieren mit Geräuschen, Klängen, Tönen, meditatives und kreatives Singen und Musizieren, Malen und Modellieren, Sich-Bewegen, Tanzen, die Pantomime und das Handpuppenspiel (Selbsterfahrung).
Es ist ein Weg, der die Sinne, das Hören, Sehen, Riechen, Schmecken und Fühlen üben, verfeinern und vertiefen möchte. *Religiöse Grunderfahrungen* mit den Elementen der Natur wie Wasser, Erde, Korn ... werden möglich.
Durch Ruhe und Ausgeglichenheit, wesentlich für Stilleübungen, wird der einzelne zugleich darauf vorbereitet, noch aufmerksamer wahrzunehmen, zu spüren oder sich noch unbefangener im kreativen Tun auszudrücken. Der Weg ist als eine *Einladung* zu verstehen. Es ist allen KatechetInnen freigestellt, sich an-zu-schließen, teil-zu-nehmen und mit-zu-wirken. Zugleich sind keine Voraussetzungen notwendig. Alles sollte mit Freude getan werden.
Auffällig ist, daß wir im Anschluß an ein Tun alle die gleiche Sprache sprechen. Wir verstehen einander. Jeder darf so kommen, wie er ist. Die Erfahrung

gemeinsamen Tuns führt die KatechtenInnen zu einer *Gemeinschaft* untereinander und mit Jesus im Sinne von 1 Joh 1,3. »Was wir gesehen und gehört haben, das verkünden wir euch, auf daß auch ihr mit uns Gemeinschaft habt; und unsere Gemeinschaft ist mit dem Vater und seinem Sohn Jesus Christus.« Zugleich führt dieser Weg zum Anteilhaben an der Gegenwart des Gekreuzigten und Auferstandenen (in den Gaben des Abendmahls, vgl. 1 Kor 10,16), am Glauben, am Evangelium.

Durch *religiöse Grunderfahrungen*, zu denen auch die Formen des meditativen Ausdrucks gehören (z.B. meditatives Sich-Bewegen, Handpuppenspiel, Pantomime), kann das Evangelium neu erschlossen, erlebt und verstanden werden. Die biblische Überlieferung und damit die Zeichen und Bilder in den Reden und Gleichnissen Jesu, werden lebendig und gegenwärtig. Ein Boden wird bereitet, auf den Jesu Worte fallen können; zugleich wird deutlich aus welchem Erleben die Sprache der Gleichnisse entstanden ist. Dieser *Verlebendigungsprozeß* läßt *Hoffnung* für die Zukunft entstehen.

Mit den Erfahrungsmöglichkeiten der eigenen Sinne, der Meditation, der Leibarbeit und des kreativen Ausdrucks erwacht bei den KatechtenInnen eine neue Sensibilität und ein neues Verstehen ihrer selbst. Es geht darum, daß ich als Teilnehmer das erlebe, was ich die Kinder erleben lassen möchte. Es geht um ein gemeinsames Lernen von Priestern, Gemeinde-/PastoralreferentenInnen, ReligionslehrerInnen, Müttern und Vätern.

Für den Leiter, für die Verantwortlichen der Sakramentenkatechese in den Gemeinden geht es darum, sich gleichzeitig als Leiter *und* als beschenkter Teilnehmer zu erleben.

Bei allen, die hier lernen, erwacht ein neues Verstehen des Wesens des Kindes, das malt, tanzt, singt, spricht und musikalisch gestaltet, dessen, was es sieht, fühlt, hört und erlebt. Einer Einladung zum meditativen Tun kann es z.B. leichter folgen als der Erwachsene.

Im folgenden wird bewußt nicht von »Lernzielen« gesprochen. Dieser Begriff erscheint für die Art des hier gewählten ganzheitlichen Weges zu begrenzt und zu verschult. Es geht vielmehr um Lern- und Erfahrungsmöglichkeiten. Es »muß« und »soll« nicht das eine oder andere Ziel erreicht werden, sondern es besteht die Möglichkeit dazu. Bei der ganzheitlichen Arbeit erhalten bestimmte Ausdrücke Sinnverschiebungen. So wird anstelle von »sollen« »werden« verwendet, um zum Ausdruck zu bringen, daß der Leiter der Gruppe Vertrauen zu den TeilnehmerInnen hat. »Ich bin sicher, daß du … «; »Es wird dir gelingen … «; »Ich knüpfe an deine Möglichkeiten an … «; »Du wirst das schon schaffen … «; »Ich gebe dir begleitende Hilfe … «. Um ein verstärktes Einbringen des Leiters zu erreichen, wird bei Formulierungen die «Ich«-Form verwendet im Sinne von: »Ich versuche, mich mit den Lern- und Erfahrungsmöglichkeiten so auseinanderzusetzen, daß sie mich zutiefst berühren«.

2. Die Voraussetzungen des Leiters

Der Leiter der KatechetInnnengruppe sollte nach Möglichkeit Erfahrungen gesammelt haben im Bereich der Eutonie, des Autogenen Trainings oder anderer Formen der Entspannung, der Stilleübungen und Meditation, im meditativen Malen und Arbeiten mit Ton, in meditativer Bewegung, im Erfahren von Geräuschen, Klängen und Tönen, im Erfinden von Texten, Gebeten und Liedern, in Pantomime und im Handpuppenspiel.
Meditatives Tun sollte zum Alltag des Leiters gehören und nicht als etwas Außergewöhnliches für die Arbeit mit KatechtenInnen angestrebt werden.
Der Leiter darf die KatechetInnen nicht unter Leistungsdruck stellen im Hinblick darauf, was mit den Kindern zu erreichen ist. Von seinen eigenen Erfahrungen mit Kindern sprechen zu können, vor allem davon, wie er mit Schwierigkeiten umgegangen ist, kann für KatechetInnen nur hilfreich sein.
Das Gefühl der Katecheten, in die Freiheit gestellt zu sein, kann sie motivieren, ihre Sache gut zu machen.

3. Nähere Erläuterungen zur Methode

Erfahrungsgemäß sind KatechetInnen von dem am Kind orientierten Weg überzeugt. Hier spüren sie, wie ihr Leben- und Glauben-Können eins werden. Sie werden tief berührt.
An keiner Stelle der Arbeit geht es nur um die Vermittlung von Information oder um eine nur kognitive Auseinandersetzung mit den für den Vollzug der Sakramente wesentlichen Symbolen bzw. den Bildern der Bibel. Vielmehr sollten unterschiedliche Erfahrungen dem Benennen dessen vorausgehen, was in der Kommunionvorbereitung weitergegeben werden soll. Dies geschieht, indem KatechetInnen wie Kinder Alltägliches neu entdecken, hören, riechen und fühlen. So kann ein tieferes Eindringen in das Geheimnis des Lebens und Glaubens (das Geheimnis des Säens, Wachsens, Erntens, des Pressens der Trauben ...) ermöglicht werden. Dabei werden die Vorgänge der Natur mit dem menschlichen Leben in Verbindung gebracht, um von innen heraus sehen und erkennen zu lernen.
Bei den unterschiedlichen Formen der Meditation bzw. des meditativen Ausdrucks sind neben der Erfahrung über die Sinne, neben der Identifikation und Imagination immer auch alle Möglichkeiten des Gestaltens anzubieten. Dadurch wird eine neue Erfahrung noch stärker verinnerlicht, und die Transparenz dieses Erlebens wird spürbar. Alle kreativen Grunderfahrungen, die viel Geduld und positive Verstärkung brauchen, sollten zunächst ohne Absicht geschehen. Es geht um das Erleben und die Erfahrung beim Malen, Gehen, Tanzen, Zeichen legen, Spielen, Musizieren, Singen ... Die KatechetInnen stehen im Mittelpunkt. Sie haben die Möglichkeit, sich hierbei selbst wahrzunehmen, zu entdecken und zu finden. Während der einzelnen umfassenden Meditationen – »Ein Weg zur Weckung des Taufverständnisses«, »Weizenkorn- « und »Traubenmeditation« und »Mahlfeier« –, die je eine Arbeitseinheit (ca. zwei bis zweieinhalb Stunden) in Anspruch nehmen, können sich die TeilnehmerInnen besonders öffnen. Sie sprechen über erfreuliche Begebenheiten genauso wie über Probleme (wie z.B. anfängliche Vorbehalte und Schwierigkeiten gegenüber den Entspannungs- und Stilleübungen wie auch gegenüber den Formen kreativen Ausdrucks). Darüber hinaus werden auch Beziehungsschwierigkeiten innerhalb der Gruppe angesprochen. Jede einzelne lernt mit der Zeit, andere in ihren verbalen und non-verbalen Äußerungen wahrzunehmen. Dem einzelnen wird zugehört und auf jegliche Bewertung verzichtet, wodurch sich jeder angenommen fühlen und *Gemeinschaft* spüren kann. Es entsteht fast immer der Wunsch, sich mit »Du« anzusprechen. Dabei ist auch

zu akzeptieren, wenn einzelne TeilnehmerInnen grundsätzlich beim »Sie« bleiben möchten.
Gemeinsames Schweigen aller TeilnehmerInnen stellt sich häufig als Folge von Berührtsein und Betroffensein ein. Es ist ein natürliches tiefes Schweigen, das in den jeweiligen Arbeitseinheiten einen wichtigen Platz einnimmt. Dieses Schweigen eröffnet neue Wege zum Inneren der Teilnehmer, zu Jesus und Gott.
Im »Werkbuch für Katechetinnen und Katecheten« sind die Arbeitsweisen dieses Kurses jeweils knapp erläutert. Die Kursleiter werden für ihre eigene Vorbereitung auf die Arbeit mit den KatechetInnen mit Gewinn dort nachschlagen.

4. Wesentliche Aspekte zum Ablauf einer Arbeitseinheit

Im Anschluß an die Begrüßung zu Beginn einer neuen Arbeitseinheit können Fragen nach einer vorausgegangenen Arbeitseinheit, insbesondere einer umfassenden Meditation, in Erinnerung gerufen werden: »Was habe ich bei unserem letzten Beisammensein erlebt?«, »Was war mir wichtig?«. Der Leiter kann dabei zusätzliche Zusammenhänge, die für das weitere Vorgehen von Bedeutung sind, aufschlüsseln. Vor einer umfassenden Meditationseinheit kann auf die vorherige Arbeitseinheit nicht zurückgeschaut werden, weil die Meditation die Zeit einer ganzen Arbeitseinheit in Anspruch nimmt. Aus diesem Grund sollte in der vorherigen Arbeitseinheit nach Möglichkeit der abschließende Erfahrungsaustausch stattgefunden haben.

Vor jedem Tun sind Zur-Ruhe-Kommen und Sich-Sammeln wesentlich. Alle TeilnehmerInnen sollten ruhig, entspannt und bequem sitzen, um sich auf das Folgende einstimmen und einlassen zu können. Häufig sprechen die Teilnehmer etwa während der Vorbereitung der Mahlfeier mit gedämpfter Stimme, ja sogar im Flüsterton.

Das Wesentliche der Übungen, die aus der Stille heraus entstehen, sollte in der Haltung und im Verhalten des Leiters zum Ausdruck kommen. Der Leiter braucht nicht über das Ruhigsein und Schweigen zu sprechen, wenn er diese Haltung ausstrahlt; gleiches gilt dann für die Arbeit mit den Kindern.

Vor keiner Arbeitseinheit wird über den jeweiligen Inhalt gesprochen. Die TeilnehmerInnen können dadurch fragend und erwartend bleiben. Gerade für die Arbeit mit Kindern ist es wichtig, sich auf neue und unerwartete Situationen einlassen zu können.

Bei jedem Zusammenkommen ist es wichtig, daß die TeilnehmerInnen die für sie wesentlichen positiven wie negativen Eindrücke ansprechen können, damit die persönlichen Anliegen des einzelnen mit auf den gemeinsamen Weg genommen werden.

Grundsätzlich sollte der Leiter bereit sein, auf häufig anstehende Fragen zur Kinderarbeit einzugehen.

Die Katechetenrunde mit dem Pfarrer, mit dem Leiter, sollte der Ort sein, an dem die Katechetinnen ihre Sorgen und Mißerfolge mit der Kindergruppe abladen können.

5. Unterschiedliche Voraussetzungen der TeilnehmerInnen

Die KatechetInnen kommen mit unterschiedlichen Voraussetzungen in die Vorbereitung. Einige haben schon Kindergruppen zur Erstkommunion geführt und entsprechend anders konzeptionierte Vorbereitungen erlebt. Andere waren schon verantwortlich für die gesamte katechetische Arbeit innerhalb ihrer Pfarrgemeinde oder für den Teilbereich der Erstkommunion. Wieder andere haben den Wunsch, im Anschluß an diesen Kurs in ihrer Pfarrgemeinde erstmalig Kinder auf Erstkommunion vorzubereiten. Alle haben die Möglichkeit, ihre Vorbehalte und Kritik wie »Das kann man doch nicht mit Kindern machen!«, »In meiner Gruppe hätten aber die Kinder die Ruhe nicht aufgebracht« zu äußern. Zugleich sollte ihnen jedoch nahegelegt werden, sich für das Folgende erst einmal so weit wie möglich zu öffnen.

Allmählich wird den Teilnehmern dann bewußt, daß der erlebnisorientierte Weg ihr eigenes Verhalten transparent macht und eine Veränderung ihres Verhaltens auf Offenheit und Bereitschaft für das Erleben hin initiiert. Erst wenn die KatechetInnen wieder Freude am *Erleben* haben, können sie die Kinder auch *erleben lassen.* Die mitgebrachten Kenntnisse der KatechetInnen und die sinnenhafte Hinführung zur Eucharistie werden im Laufe der Veranstaltung als innere Einheit erlebt und verstanden.

Ich weiß, daß meine TeilnehmerInnen aus dem Lehrerberuf mit meinen Anregungen und Vorschlägen gute Erfahrungen in der Schule machen, etwa mit Stilleübungen.

So möchte ich auch weiterhin LehrerInnen einladen, da wo es sich den Umständen entsprechend anbietet, meine Kommunionvorbereitung durchzuführen.

6. Terminplanung

Bei der zeitlichen Planung bzw. Durchführung hat es sich als praktisch erwiesen, die Vorbereitung der KatechetInnen einmal pro Woche an einem Morgen stattfinden zu lassen. Die Zeit 9.00 Uhr bis 11.45 Uhr richtet sich im allgemeinen nach den TeilnehmerInnen (Mütter, deren Kinder im Kindergarten sind). Das Seminar könnte gleich nach den Sommerferien beginnen. Die KatechetInnen betreuen in dieser Zeit noch keine Kindergruppen. Sie stehen daher nicht unter der Anspannung, das gerade Erlebte direkt weitergeben zu müssen. Ein angemessener zeitlicher Abstand der KatechetInnen vor Beginn der Kinderarbeit hilft, in Ruhe zu entscheiden, ob sie schon alle Elemente des Seminars für ihre Arbeit aufnehmen können.
Es ist auch möglich, ein Seminar in Form einer sechs- oder siebentägigen Studienwoche durchzuführen. Diese Form ist vor allem für diejenigen günstig, die nicht über einen längeren Zeitraum hinweg an einem bestimmten Morgen in der Woche teilnehmen können.
Neben einer Arbeitseinheit am Morgen und einer am Nachmittag erweist sich der Abend als besonders geeignet, um auf das Geschehen des Tages zurückzuschauen.
Gehen der Pfarrer, der/die PastoralreferentIn oder der/die GemeinderefentIn und die KatechetInnen innerhalb der Gemeinde den gleichen Weg der Vorbereitung, wird durch die Arbeit mit den Kindern wie auch durch die Glaubens- und Erstkommunionsfeier bei allen Beteiligten Freude und ein Zusammenwachsen im Miteinander-Leben- / und -Glauben-Können entstehen.
Die Eltern können bei dieser Konzeption durch den/die jeweiligen GruppenleiterIn oder Pfarrer in einer oder mehreren Abendveranstaltungen in die Arbeitsweise eingeführt werden, d.h. Anteil nehmen.

7. Aufbau des Buches

Jede Arbeitseinheit beginnt mit der Darstellung der Lern- und Erfahrungsmöglichkeiten. Es folgt eine Einfühlungsmeditation, die dem Leiter hilft, sich auf seine eigenen Möglichkeiten einzulassen und auf alle Begegnungen erwartungsvoll und zuversichtlich zugehen zu können. Die Einfühlungsmeditation ist nicht als moralisierende Überforderung gedacht.
In Ruhe und mit genügend Zeit sollten diese Schritte der Vorbereitung auf die Arbeit mit den KatechetInnen gegangen werden: Sie dienen einmal der gründlichen inhaltlichen Verinnerlichung der einzelnen Bestandteile der Arbeitseinheit – häufig im Rückgriff auf Ausführungen im »Werkbuch für Katecheten und Katechetinnen« –, dann aber vor allem auch der Öffnung der eigenen Person des Leiters bzw. der Leiterin einer Katechetengruppe für die Gruppe und für die eigenen Unsicherheiten, Fragen, Wünsche, für das eigene vorbereitende Gebet.
In den sogenannten »Lern- und Erfahrungsmöglichkeiten« finden sich viele Hinweise zum konkreten Ablauf einer Arbeitseinheit, die bewußt in dieser persönlichen Weise abgefaßt sind. So wird vielleicht erreicht, daß das Miteinander von Leiter und Katechetinnen und Katecheten – ähnliches gilt dann für die Arbeit der Katechetinnen und Katecheten mit den Kindern – nie nur aus Technik, aus Vorbereitung und geschickt angewendeten Methoden besteht. Der Leiter erfährt auf diese Weise genau, was an sich in einer Arbeitseinheit zu erwarten wäre. Von ihm wird aber immer das möglichst kreative Einbringen der eigenen Persönlichkeit in das Begegnungsgeschehen der jeweiligen Arbeitseinheiten erwartet.
Sodann folgt eine Verlaufsskizze. Daran schließt sich die Aufstellung der Materialien zur jeweiligen Arbeitseinheit an. Diese Liste sollte der Leiter frühzeitig genug durchsehen, um die Teilnehmer vor dem Treffen zu informieren, was sie das nächste Mal mitbringen mögen.
Eine Auflistung der Teilnehmeräußerungen zur betreffenden Arbeitseinheit folgt anschließend. TeilnehmerInnen drücken sich aus, sie äußern sich im Anschluß an die Arbeitseinheit mit Worten zu ihrem Erleben. Die Teilnehmeräußerungen geben Einblick in das Spektrum möglicher Erfahrungen, d.h. sie sind nicht nach bestimmten Gesichtspunkten ausgewählt. Auch negative Äußerungen finden ihren Platz, zumal sie bestimmte Problemsituationen und ihre Lösung im weiteren Verlauf beleuchten. Ein aufmerksamer Beobachter und Leser wird feststellen, daß die Äußerungen der Teilnehmer im Fortschreiten der gemeinsamen Arbeit immer empfänglicher werden für das, was mit Sakrament gemeint ist.
Die Konzeption des Buches ist auf Offenheit hin angelegt. Der Leiter kann situativ

entscheiden, ob er die einzelnen Schritte der jeweiligen Arbeitseinheit in dieser Reihenfolge gehen kann. Unvorhergesehenes hat seine Berechtigung.
Es ist wichtig, daß dem Leiter auch das »Werkbuch für Katechetinnen und Katecheten« vorliegt, da sein Arbeitsbuch immer wieder darauf verweist: Auch sollte er – um den KatechetInnen und letztlich auch den Kindern gerecht zu werden – den Überblick über die Kinderarbeit haben. Die KatechetInnen brauchen hingegen nicht auch das »Werkbuch für den Leiter« zur Hand zu haben.
Grundsätzlich ist in diesem Buch und im »Werkbuch für Katechetinnen und Katecheten« die Hinführung von Erwachsenen und von Kindern zur Kommunion übereinstimmend. In der Arbeit mit den Erwachsenen wurde jedoch berücksichtigt, daß sie zunächst Möglichkeiten der Entspannung, der Stille und des kreativen Ausdrucks benötigen, um die den Kindern eigene schöpferische Spontaneität neu entdecken zu können. Bei der Durchführung einer Arbeitseinheit aus dem Katecheten-Werkbuch übernimmt der Leiter – Priester, Pastoral- oder GermeindereferentIn – die Rolle der KatechetInnen. Diese sollten keinen Unterschied im Verhalten oder in der Vermittlungsweise des Leiters bemerken, gleich, ob er eine Arbeitseinheit aus diesem Buch oder aus dem Katecheten-Werkbuch durchführt.

8. Übersichtsschema für den Leiter: Worauf er sich rechtzeitig einstellen und vorbereiten muß

Juni/Juli

- Bitte überlegen Sie, welche Kinder Sie zur nächsten Erstkommunionfeier einladen möchten. Besuchen Sie das Kind in seiner Familie und erzählen Sie von den Vorbereitungen, damit die ganze Familie neugierig wird. Erzählen Sie während der heiligen Messe anstelle der Predigt von der Kommunionvorbereitung.

- Laden Sie dazu ein.
  Geben Sie dies alles nicht als anonyme Mitteilung bekannt. Schreiben Sie dem Kind und der Familie einen handgeschriebenen Brief als Einladung. Bitten Sie auch eine Katechetin, ihre Einladung darunterzuschreiben oder einen gesonderten Brief zu verfassen. Bei einer zu großen Kinderzahl greifen Sie auf eine Kopie zurück.
  Es ist wichtig, daß Sie sich hierbei nicht als »Nachrichtenvermittler« der Kirche verstehen: Es wäre schön, wenn die Kirche sich durch Sie als Mensch, der von Herzen gerne einlädt, deutlich machen würde.
  Während dieser unterschiedlichen Einladungen können Sie bei interessierten Vätern und Müttern anfragen, ob sie bereit sind, mit Ihnen einen Weg vorwegzugehen, damit sie später Kinder zur Erstkommunion vorbereiten können. 5-6 Kinder und mehr können in einer Gruppe beieinander sein.

- Bis zu den Sommerferien werden die Termine der gemeinsamen Arbeit unter den Erwachsenen festgelegt. Zwölf Arbeitseinheiten sind zu empfehlen.
  Diese können entsprechend der Situation der interessierten Eltern wöchentlich an einem Morgen oder Nachmittag oder abends stattfinden. Die Herbstferien und die beiden letzten Wochen vor Weihnachten werden ausgeklammert. Ein Samstag, von 9.00 - 12.00 Uhr, von 9.00 - 14.00 Uhr oder ganztägig, kann auch in Betracht gezogen werden.
  Im Hinblick auf die Eltern von Kleinkindern werden bei der Planung die Öffnungszeiten von Kindergärten berücksichtigt.
  Teilen Sie den Eltern mit, was zum ersten Treffen mitgebracht werden soll.

- Klären Sie, ob für die Dauer des Kurses ein- und derselbe Raum zur Verfügung steht, ob er mit Teppichboden ausgelegt ist, ob außergewöhnliche Geräusche die Arbeit belasten, wie etwa Bauarbeiten o.ä.

- Sammeln Sie Legematerial und entsprechende Körbchen.

- Klären, ob

  - ein Cassettenrekorder zur Durchführung meditativer Tänze,
  - Orff'sche Instrumente (eventuell in Pfarrgemeinde, Kindergarten oder Schule nachfragen),
  - eventuell ein Diaprojektor

  zur Verfügung stehen werden.

- Klären, ob ein Priester Patene und Kelch zur Verfügung stellen wird (Arbeitseinheit 9).

- Der Leiter nimmt Kontakt auf zum Bauern des nächsten Ährenfeldes.
  Er bittet ihn, mit den Kommunionkindern, den Müttern und Vätern und den Katecheten des nächsten Jahres einen Besuch am Rand des Ährenfeldes machen zu dürfen. Der Termin wird festgelegt für die Zeit, da das Korn reif, jedoch noch nicht geschnitten ist. Den Bauern fragen, ob er hinzukommen möchte. Die Kinder könnten Fragen stellen.
  Vielleicht erlaubt der Bauer, daß jedes der Kinder eine Ähre mit Wurzel aus dem Boden nehmen, anschauen, riechen und fühlen und wiedereinsetzen darf.
  Im Anschluß an die Weizenernte könnte der Bauer dem Leiter erlauben, am Rand des Feldes zurückgebliebene Ähren zu einem großen Strauß für die Erwachsenen und weiterfolgende Kinderarbeit zu pflücken.
  Es ist wichtig, daß beim Besuch im Kornfeld die Katechetin mit ihrer Gruppe von 5 Kindern oder mehr alleine ist, damit Schauen, Riechen, Schmecken und Fühlen ganz behutsam geschehen können und zu einem meditativen Erleben werden. Ist dies möglich, werden Kinder und Erwachsene neuen Zugang zu Weizenkorn und Ähren finden – dort, wo gesät wurde, wo es wächst, blüht und geerntet wird.

- Das Dabeisein des Leiters ist wertvoll, wichtig für die gesamte Kommunionvorbereitung. Er kann bei allem weiteren Tun und am Ende bei der Kommunionfeier aus der Erfahrung schöpfen, er kann sich zurückbesinnen und zum weiteren Tun Beziehung herstellen.

- Die KatechetInnen zu einem Termin einladen, um im gemeinsamen Versuch eine Handpuppe fertigen zu lernen. (Absprechen, welche der in diesem Buch angegebenen Handpuppen.) Diese werden in der Erwachsenenarbeit und in den Kindergruppen gebraucht.

- Kaufen:

  - Eine besonders schöne Kerze für die Mitte des Arbeitskreises,

- ☐ einen Kerzenteller,
- ☐ »Meßbuch für Kinder« von Eleonore Beck, Henri Delhougne, Verlag Butzon und Bercker, Kevelaer, Bernward Verlag Hildesheim.
- ☐ »So feiern wir«, Texte und Bilder zur heiligen Messe. Bestandteil der Werkmappe »Komm«, Hinführung der Kinder zur Eucharistie. Verlag Wort und Werk, 5205 St. Augustin.
  Diese beiden Büchlein helfen zur Verdeutlichung der Meßdarstellung in Arbeitseinheit 12.
  Bilder und Texte eventuell aufziehen lassen (jedoch nicht durch die Katecheten, da sie dieses Material erstmalig in der Arbeitseinheit entdecken sollen).

September

– Vor dem Besuch im Ährenfeld:
  Die Katecheten stellen sich in der Familie vor, deren Kind in der eigenen Kindergruppe sein wird.

– Besuch im Ährenfeld.

September bis Dezember

– Durchführung der Arbeit mit den Katecheten.
  Vorbereitung möglicher Texte, die in Form von Kopien den Katecheten mitgegeben werden wie Evangelien, Geschichten, Gedichte, Lieder, Zitate …
  Es ist ratsam, nur wirklich benötigte Textblätter zwischen der einen und der nächsten Arbeitseinheit herzustellen.
  Ist ein Text Ausdruck dessen, was in der Arbeitseinheit geschehen ist, dann ist es ratsam, die Teilnehmer mit diesem Eindruck durch Erleben erst einmal nach Hause gehen zu lassen und den Text erst in der nächsten Arbeitseinheit auszulegen.

Oktober

– Der Leiter nimmt Kontakt auf zu einem Weinbergbesitzer. Er bittet um Erlaubnis für einen Besuch der Kinder, die im folgenden Jahr zur Erstkommunion gehen werden, und der Väter und Mütter, die die Kinder vorbereiten werden und natürlich für sich selbst.
  Er versucht, den voraussichtlichen Termin der Weinlese am Wochenende zu erfahren.
  Es ist ratsam, Rosenscheren mitzunehmen. Je ruhiger und interessierter sich die Kinder verhalten – wiederum in kleinen Gruppen mit der Katechetin –, um so eher ist der Weinbergbesitzer, sind die Weinberghelfer bereit, die Kinder mittun zu lassen beim Pflücken, Schneiden, in die Eimer Füllen.

An eine mitzunehmende Mittagsmahlzeit sollte gedacht werden.
Auch hier sollte der Leiter des Kurses diese Erfahrungsmöglichkeit nicht versäumen.
Sollte der Weinberg zu weit vom Ort der Kommunionvorbereitung entfernt liegen, so möge der Leiter die Kinder und die Eltern dazu anregen, eine Familienfahrt an einem Sonntag (oder im Zusammenhang mit einer Familienferienfahrt) zu einem Weinberg durchzuführen.
Bei einem in der Nähe gelegenen Verkehrsamt könnten die Eltern die Anschrift eines Winzers erfahren, der bereit sein könnte, eine Familie im Weinberg zusehen zu lassen.
Der Leiter könnte den Eltern nahelegen, einmal in Ruhe mit den Kindern an den Weinstöcken entlangzugehen, sie genau anzuschauen, die Blätter und die Trauben vorsichtig mit den Händen zu fühlen und sie zu riechen, die Luft im Weinberg tief einzuatmen.
Außerdem könnten die Kinder zusätzlich etwas vom Winzer über die Lebensbedingungen der Trauben, des Weins erfahren. Das Wichtigste ist jedoch die eigene Erfahrung über die Sinne, das Erleben, wie der Wein wächst.
Eindrucksvoll wäre, wenn jeder Pfarrer, der in seiner Gemeinde Erstkommunion erleben will, in unmittelbarer Nähe seiner Kirche einen Weinstock pflanzte. Ein Winzer kann über die Wachstumsbedingungen Auskunft geben.
Der Wein ist in der Eucharistiefeier ebenso wichtig wie das Brot. Daher sollte im Idealfall das Entstehen der Trauben, das Wachsen und Blühen des Weines zuvor für alle Kinder und für alle Erwachsenen sichtbar, riechbar, fühlbar – das heißt ganz nah erlebbar sein.

November/Dezember

Im November oder Dezember könnte die Arbeit mit den Kindern beginnen. Fühlen die KatechetInnen sich in ihrer eigenen Fortbildung schon zu Hause, dann steht dem nichts im Wege.
Der schon festgelegte Tag der Erstkommunion, der voraussichtliche Ausfall der Kindergruppenstunden vor Weihnachten, in der Karnevalswoche, während der Osterferien ... werden für den Beginn der Kinderarbeit mitentscheidend sein.
Kommt es zu einer zeitlichen Überschneidung der KatechetInnen- und der Kinderarbeit, müßte der Leiter etwas Zeit in seiner eigenen Arbeit einräumen, um jeweils Erfahrungen aus der Arbeit mit den Kindern einfließen zu lassen, um auf durchgeführte Stunden mit den Kindern zusammen mit den KatechetInnen zurückblicken zu können.
Beginnt die Kinderarbeit jedoch erst im Januar, so findet keine Überschneidung zwischen der Ausbildung der KatechetInnen statt. In den Zusammenkünften mit den KatechetInnen kann es dann alleine um ihre Erfahrungen in der Kinderarbeit gehen.

Die methodischen Bausteine dieses Werkbuches

Soll Erstkommunionvorbereitung für die beteiligten Erwachsenen und die Kinder zu einem ganzheitlichen Ereignis werden, dann werden vom Leiter des Kurses, über die Katechetinnen und Katecheten, bis hin zu den Kindern alle eine ähnliche Sensibilisierungsstufe durchlaufen. Natürlich erleben Erwachsene und Kinder verschieden, sie haben bei dieser Vorbereitung aber alle einen vergleichbaren Weg hinter bzw. vor sich.
Dem Leiter bzw. der Leiterin werden im folgenden tragende Grundsätze und einzelne Methoden des Vorgehens vorgestellt. Im Lauf der Arbeitseinheiten kann er bzw. sie sich hier immer vergewissern. Gleichzeitig sind diese knappen methodischen Hinweise Lerngrundlage für die Ausbildung der KatechetInnen. Sie sollten mit diesen methodischen Bausteinen in geeigneter Form vertraut gemacht werden. Aus diesem Grunde werden die »methodischen Bausteine« auch im »Werkbuch für Katechetinnen und Katecheten« wiedergegeben.
Wichtig bleibt: Das Tun ist durch nichts zu ersetzen. Der Leiter sollte vor der gemeinsamen Arbeit selbst Erfahrungen mit kreativem Gestalten (z.B. mit Ton, Musik), mit Tanz und Spiel gesammelt haben. Dieses gilt dann in gleicher Weise für die Erfahrungen, die die Katechetinnen und Katecheten im gemeinsamen Tun *vor* ihrer Arbeit mit den Kindern machen.

Unser Körper – Schlüssel zum Lernen

Das meiste erfahren wir Menschen über das Hören, und vieles vergessen wir wieder.

❐ Sobald wir unseren Körper durch Haltung, Sitzweise, Hingeordnetsein auf etwas Wahrzunehmendes vorbereiten,

❐ sobald wir durch Entspannung versuchen, uns ganz leer zu machen und Neues aufzunehmen,

❐ sobald wir unsere Bewegungen unter Kontrolle nehmen oder sie von innen heraus gestalten,

❐ sobald wir Musik in Bewegung umsetzen,

❐ sobald wir Inhalt nicht nur hören, sondern leiblich ausdrücken,
machen wir körperbezogene Erfahrungen.

Es wird deutlich, daß wir in Sprache, Bewegung, Malen und Musik nur das ausdrücken können, was durch Hören, Sehen, Riechen, Schmecken, Tasten, Fühlen – wobei auch die Atmosphäre gemeint ist – wirklich bei uns angekommen ist; was uns wirklich berührt.

Ausdrücken setzt Eindruck voraus.
Verleiblichen setzt voraus, daß ich mich im Leib wohlfühle und ihn gerne als mein erstes und wichtigstes Instrument gebrauche.

Körpereigene Erfahrung setzt voraus, daß ich meinen Körper als meine erste Behausung so annehmen, wie er ist, daß ich mich in ihm wohlfühle, daß ich ihn liebe, daß ich mich in meinem Körper (Leib) liebe.

Körpereigene Erfahrung heißt: Das neu Wahrgenommene geht mir durch Mark und Bein. Ich erfahre eine neue Dimension des Erlebens.

Bei körpereigener Erfahrung wird der Verstand nicht ausgeschlossen. Er läßt sich nicht ausschließen. Er ist immer dabei. Er rennt nicht mit mir davon, sondern ist eingebettet in Geist, Körper und Gefühl.

Meine Erfahrung in der Bildungsarbeit macht mir deutlich, daß erwachsene Menschen, gleich welcher Altersstufen, von körpereigenen Erfahrungen zutiefst berührt werden, daß sie hungrig nach solchen Erfahrungen werden, Freude daran haben, sich selbst mehr kennenzulernen.

Körpereigene Erfahrungen vergesse ich nicht. Sie verändern etwas in mir; ich werde beschenkt, ich werde sensibilisiert, sensibler für andere Menschen, für die Sprache der Dinge um mich herum.

Körpereigene Erfahrungen sind der Schlüssel zum Lernen über Erleben – zum Lernen dessen, was mir schließlich gehört, was ganz mein geworden ist, was ein Teil meines Ichs wird.
Körpereigene Erfahrungen machen mich zufrieden, weil alle Bereiche in mir angesprochen werden. Es ist stimmig, was ich über körpereigene Erfahrungen lerne.
Ich erfahre Freude und Glück.

Ich wünsche Ihnen, daß Sie (bevor Sie mit der Kommunionvorbereitung beginnen – ob mit Kindern oder erwachsenen Teilnehmern) Freude daran finden können, sich in Ihrem Körper immer mehr wohlzufühlen.
Vielleicht geschieht dies aber für Sie ganz überraschend in der Kommunionvorbereitung.

Meditatives Gehen

Gewiß suchen auch Sie Hilfen, Ihre erwachsenen Teilnehmer zu Beginn einer Arbeitseinheit zur Ruhe kommen zu lassen.
Hier möchte ich Ihnen »Meditatives Gehen« empfehlen.
In dem Raum, in dem Sie die Kommunionvorbereitung durchführen, ist dies möglich. Ich gehe davon aus, daß die Teilnehmer zuvor gebeten wurden, entweder warme Socken oder leichte Gymnastikschuhe mitzubringen, Selbstverständlich kann das Meditative Gehen auch in üblichen Strümpfen oder barfuß geschehen. Tische und Stühle werden zu dieser Übung beiseite getragen.

»Ich lade ein, zu gehen, ganz einfach nur zu gehen«; so könnten Sie beginnen, indem Sie in Ruhe durch den Raum gehen. Sie werden erleben, daß alle Teilnehmer mitgehen. Es bedeutet ihnen eine Hilfe, wenn Sie im Gehen weiterhin sagen:
»Meine Schultern sind ganz locker, ebenso meine Arme, meine Hände.«
»Ich versuche, mein Becken locker zu lassen.«
Ihr entspanntes, lockeres Gehen regt die Teilnehmer an, es auch auszuprobieren.
»Versuchen Sie, das Tempo zu finden, das Ihnen angenehm ist.«
Sie helfen damit den Teilnehmern, sich allmählich ausschließlich auf das Gehen einzulassen, zu konzentrieren.
»Ich versuche zu spüren, daß ich gehe.« »Ich gehe mein Tempo.« »Ich gehe meinen Weg.«
Sie werden gewiß merken, daß Sie immer mehr von innen heraus gehen, absichtslos, ohne konkretes Ziel, daß Sie allmählich dasein können im Gehen.

Können Sie sich vorstellen, daß dies ein guter Einstieg in eine Arbeitseinheit ist?

Möchten Sie das Meditative Gehen zu Ende führen, bitten Sie die Teilnehmer etwa:
»Wenn Sie den Eindruck haben, daß Sie im Gehen zur Ruhe gekommen sind, wählen Sie bitte einen Platz auf der gedachten Kreislinie.«
Oder:» … einen Platz irgendwo im Raum, an dem Sie sich wohlfühlen.«
Oder: » … irgendwo im Raum einen Platz, an dem alle etwa gleichen Abstand voneinander haben im Stehen, Sitzen oder Liegen auf dem (Teppich-) Boden.«

Das Meditative Gehen führt sowohl den einzelnen zur Verinnerlichung als auch zur ständigen Begegnung untereinander. Der einzelne geht absichtslos, und wir alle sind auf dem Weg.

Stilleübung

Sie möchten Kindern oder den erwachsenen Teilnehmern etwas nahebringen, was Ihnen besonders wichtig ist.
Sie entschließen sich erstmalig zu einer Stilleübung. Diese können Sie mit 4-10 Kindern (Idealzahl 5-6) oder 8-20 Erwachsenen (Idealzahl 10 Personen) durchführen. Davon ausgehend, daß die Übung in Kreisform sitzend stattfindet, benötigen Sie einen entsprechend großen Raum. Es wäre gut, wenn er mit Teppichboden ausgelegt wäre.
Für die erwachsenen Teilnehmer stellen Sie am besten zwei Stühle im Raum zurecht, da nicht unbedingt alle auf dem Boden sitzen können. Ebenso könnte ein Tisch notwendig sein für das Material – ich werde es noch im einzelnen benennen –, das Sie für die Stilleübung benötigen. Stellen Sie es im Raum bereit, bevor die Teilnehmer kommen.
Es ist wichtig, daß das vorhandene Mobiliar im Raum übersichtlich angeordnet ist und nicht besondere Reize auf die Kinder oder erwachsenen Teilnehmer ausübt. Jeder Teilnehmer wurde zuvor gebeten, eine Wolldecke mitzubringen.

Laden Sie die Teilnehmer zunächst ein, sich mit Ihnen im Kreis auf den Boden zu setzen. Zeigen Sie ihnen, wie eine Wolldecke zum Sitz gefaltet werden kann. Es ist wichtig, daß Sie nur so laut sprechen, daß Sie von allen verstanden werden, und so langsam, daß Sie von niemandem mißverstanden werden.
Bevor Sie die Wolldecke falten, vergewissern Sie sich, ob Ihr Tun von allen gesehen werden kann.

Beginnen Sie erst dann zu sprechen, wenn alle Teilnehmer darauf gerichtet sind, zuzuhören und zuzuschauen. Verbrauchen Sie keine Energie, um mit vielen Worten Disziplin zu erzeugen. Die Teilnehmer sollten sogleich den Eindruck haben, daß es wichtig und lohnenswert ist, Ihnen zuzuhören und zuzusehen.

Zeigen Sie den Teilnehmern, auf welch unterschiedliche Weise sie sich auf den gefalteten Sitz setzen können.

Sie werden situativ entscheiden können, ob Sie die Anleitung zum Sitzen erst bei einer weiteren Stilleübung geben möchten.

Schauen Sie, ob der Kreis durch die Teilnehmer rund gestaltet ist und ob die Teilnehmer etwa gleichen Abstand voneinander haben (dies ist wichtig für einzelne Übungen).
Möglicherweise möchten ein oder zwei Teilnehmer aufgrund von Schmerzerfahrung lieber auf dem Stuhl sitzen.

Wichtig ist,
daß sich jeder Teilnehmer eingeladen fühlt – nicht gezwungen –, im Kreis mitzutun,
daß für ihn die Möglichkeit besteht, Vertrauen zu gewinnen,
daß dabei sein Bedürfnis nach Geborgenheit gestillt werden kann,
daß er einfach dasein kann.

Darüber hinaus ist wichtig, daß jeder Teilnehmer neugierig ist auf das, was jetzt geschieht.

Sie könnten mit dem Satz beginnen: »Ich möchte Euch/Sie zu einer Stilleübung einladen.«
Versuchen Sie, in gleichbleibender Ruhe und Gelassenheit zu bleiben und viel Zeit zu haben. Wenn sich in Ihrer Körperhaltung und in Ihrem Verhalten das Wesentliche einer Stilleübung widerspiegelt, haben Sie schon eine notwendige Voraussetzung erfüllt.
Versuchen Sie nicht, mit vielen Worten Stille anzukündigen, sondern sie wahrzumachen.
Die Stille der Teilnehmer wird sich positiv auf Sie auswirken und Sie weiterhin zur Stille motivieren.

Sie haben sich nun mit den Kindern oder teilnehmenden Erwachsenen im Kreis versammelt. Jeder hat die Möglichkeit, sich zu sammeln.
Stehen Sie mit ruhigen und langsamen Bewegungen von Ihrem Platz im Kreis auf, und gehen Sie zu dem Tisch, der außerhalb des Kreises an der Wand steht. Nehmen Sie ebenso ruhig den Gegenstand – etwa einen blühenden Zweig in einem Tonkrug – vom Tisch weg und tragen Sie ihn gleicherweise in die Mitte des Kreises, stellen Sie ihn behutsam auf den Boden, gehen Sie langsam zu Ihrem Platz zurück und setzen Sie sich ebenso ruhig wieder auf den Boden.
Nun sind Sie alle *um eine Mitte* versammelt. Sie sind alle auf eine Mitte hingeordnet. Es besteht die Wahrscheinlichkeit, daß Sie – wenn Sie ruhig und aufmerksam dasitzen – von dem, was in der Mitte steht, in Ihrer eigenen Mitte berührt werden. Laden Sie die Kinder oder die erwachsenen Teilnehmer dazu ein, den blühenden Zweig anzuschauen, dabei zu verweilen. Schätzen Sie aufgrund des Verhaltens der Teilnehmer ein, wie lange dieses Anschauen dauern kann. Manche Teilnehmer brauchen eine Zeit, um mit ihrem Körper, mit ihren Gliedmaßen zur Ruhe zu kommen, dann kann erst das Schauen und Verweilen beginnen.
Am Ende bringen Sie in ebensolcher Ruhe den Tonkrug mit dem blühenden Zweig zum Tisch zurück; Sie können auch fragen, wer von den Teilnehmern dies in ebensolcher Ruhe tun kann. Erst dann, wenn Sie oder der betreffende Teilnehmer wieder in Ruhe auf dem Boden sitzt, ist die Stilleübung beendet, und es kann nach einer kurzen Zeit der Stille etwas anderes geschehen.

Für Sie als Leiter der Gruppe bietet es sich an zu fragen: »Wie haben Sie/Ihr diese Stilleübung erlebt?« Spontane, freiwillige Mitteilungen der Teilnehmer bleiben nebeneinander und unbeantwortet im Raum stehen. Der Sinn der Stilleübung besteht auch darin, von eigenen Erfahrungen im Schauen, im Verweilen zu erzählen.
Mehr noch geht es um das eigene Angerührtsein und darum, in unserem Wahrnehmenkönnen sensibler zu werden. Es geht darum, daß wir staunen lernen. Gleichzeitig können wir uns untereinander begegnen. Indem wir im Kreis auf dem Boden sitzen, wird das »Wir«-Gefühl im Erleben besonders angesprochen.

Indem wir in diesem ruhigen Verhalten etwas in unsere Sinne einfallen lassen, werden wir – je nach Erlebnistiefe des einzelnen – befähigt, anschließend diesen Eindruck zu veräußern, etwa indem wir das Schauen der Blüten in Worte fassen. Ebenso können wir dies verleiblichen, etwa indem wir mit unserem Körper versuchen, in einer Bewegungsimprovisation einem wachsenden, blühenden Zweig nachzuspüren. Wir könnten das Erlebte kreative wiederzugeben versuchen, indem wir im Anschluß an die Stilleübung das Bild, das vom blühenden Zweig in uns entstanden ist, in Farbe und Form auszudrücken.

So wie Sie das Sehen, das Schauen, das Verweilen im Schauen angesprochen, angeregt haben, können Sie bei einer Stilleübung ebenso zum *Hören* des eigenen Atems einladen oder zu dem, was gerade jetzt über das Ohr im Raum wahrnehmbar ist, was bei offenem oder geschlossenem Fenster draußen zu hören ist; zum Anhören einer Glocke, eines Klanges oder Schlages auf der Triangel könnten Sie die Kinder oder erwachsenen Teilnehmer einladen.

Sie könnten zum *Riechen* einer Wurzel, einer Pflanze einladen oder von Erde, Kräutern, Gras oder Heu;
zum *Schmecken* eines frischgebackenen Brotstücks, einer Apfelsinenscheibe, einer Haselnuß oder
zum *Tasten und Fühlen* eines Steins, einer Muschel.

Körper und Sinn werden auf unterschiedliche Weise angeregt, aufmerksam zu werden.

Bei solcherlei Möglichkeiten ist es ratsam, daß Sie einen der genannten oder von Ihnen gewählten Gegenstände vor Beginn der Stilleübung schon in den Kreis auf Ihren Platz mitnehmen – am besten von einem Tuch bedeckt – auf einer Tonschale, auf einem Holzteller ruhend.
Der durch ein Tuch bedeckte Gegenstand macht die Teilnehmer neugierig: »Das muß etwas Besonderes sein.« »Ich weiß noch nicht, was mich erwartet, obgleich ich schon im Kreis sitze.«

Möchten Sie die Teilnehmer mit diesem Gegenstand – einem Glöckchen – zu einer Stilleübung im Hören einladen, erklären Sie vorab (wiederum im Kreis auf dem Boden sitzend), daß Sie selbst Ihren rechten Nachbarn an seinem linken Ohr ein Geräusch hören lassen. Erklären Sie weiter, daß er anschließend den Gegenstand annehmen möchte und dann seinen rechten Nachbarn an seinem linken Ohr hören lassen möchte – und so weiter.
Bitten Sie jedoch zunächst die Teilnehmer, daß sie sich ganz bequem hinsetzen, die Augen schließen möchten, sich der Erfahrung überlassen möchten, ausschließlich zu hören, und dann beginnen Sie selbst zu hören.
Es ist wichtig, daß Ihre eigenen Augen immerzu geschlossen bleiben. Verstehen Sie sich nicht als Kontrollperson, die anderen im Augenschließen zu überwachen. Ein jeder trägt für sich die Entscheidung und Verantwortung, reich an Erfahrung zu werden oder ängstlich, wie er gekommen ist, heimzukehren.

Wenn Sie derartige Sinneswahrnehmungen in Bedachtsamkeit und konzentrierter Hinwendung auf den Gegenstand vollziehen, fühlen die Teilnehmer sich angesprochen, auch eine solche Erfahrung für sich auszuprobieren, für sich machen zu können.
Bei dieser und auch bei vielen anderen Stilleübungen ist es – wenn nicht anders angesagt – wichtig, daß jeweils einer nach dem anderen handelt, nicht zwei gleichzeitig. Der nächste wartet, bis der Vorherige in Ruhe sitzt, mit seinem Tun fertig ist. Fast immer ist bei Stilleübungen das behutsame Tun mit den Händen angesprochen.
Häufig ist bei Stilleübungen die Bewegung einbezogen, etwa bei angesagtem ruhigem Platzwechsel der Teilnehmer, wenn sie auf der Kreislinie sitzen. Dabei ist ebenso der Wechsel von Ruhe und Bewegung ein wesentliches Element. Die Kontrolle der Bewegung wird etwa beim Tragen einer brennenden Kerze angesprochen.
Die Bewegung ist im Zusammenhang mit dem Zur-Ruhe-Kommen ein Weg zur Besinnung und Verinnerlichung.

Sie können mit Stilleübungen zum »Zur Mitte finden« anregen.
Dabei ist es zunächst wichtig, als *Mitte* den Ort zu verstehen, auf den wir – miteinander im Kreis sitzend – unseren Blick richten.
Die erste Frage lautet jedoch, ob Sie den Teilnehmern schon ein Finden zur eigenen *Personenmitte* ermöglichen konnten. Diese Kräfte könnten dann vom wesentlichen Kern einer Sache, die in der Mitte dargestellt ist, angerührt werden, etwa von der Aussagekraft einer Blume, eines Weizenkorns, von Herbstlaub.

Eine einfache Übung »Zur Mitte finden« besteht darin, die Teilnehmer einzuladen, eine Mitte zu gestalten.
Legen Sie hierzu zum Innenrand eines Sitzkreises hin so viele Seile locker

aufeinander auf den Boden, wie Teilnehmer im Raum sind, einschließlich Ihrer eigenen Person.
Laden Sie ein, jeder einzelne möge in Form einer Stilleübung ein Seil vom Boden wegnehmen, in die Mitte mehr in runder als in gerader Form auf den Boden legen. Jeder Weitere kann sein Seil so anlegen, daß die Form immer wieder abgerundet, abgeschlossen wird.
Beginnen Sie selbst als Leiter, das erste Seil zu legen.

Bunte Tücher und Bänder, getrocknete Blüten und Früchte, kleine Steine und Perlen werden nun in Form einer Stilleübung vom Tisch – auf dem sie zuvor zurechtgestellt waren – in den Kreis geholt. In einer weiteren Stilleübung ist jeder eingeladen, mit Materialien seine mit dem Seil umgrenzte Fläche auszulegen, zu schmücken. Nach Absprache könnte auch jeder die Fläche eines anderen Teilnehmers auslegen.

Je selbstverständlicher sich Ihre Teilnehmer schon auf eine Stilleübung einlassen, um so eher können Sie nach Ihrer Voransage einen der Teilnehmer mit dem Tun beginnen lassen.
Korrigieren Sie während einer Stilleübung nicht das Verhalten eines Teilnehmers. Es ist wichtig, ihn die Erfahrung von zu lautem, zu schnellem oder zu holprigem Verhalten machen zu lassen.

Bei einer Stilleübung werden Sie und Ihre Teilnehmer erleben, daß Sie sich gegenseitig viel Zeit zu einer Sinneswahrnehmung lassen – etwa zum Fühlen der Erde, zum Hören eines Wassertropfens. Sie erfahren, daß Sie und Ihre Teilnehmer immer gelassener werden im Wartenkönnen auf den anderen.

Sie werden merken,
daß Sie etwas mit Herz und Hand,
mit Leib, Seele und Geist tun,
daß es nicht um Leistung geht,
daß Stilleübungen nicht zweckgerichtet sind,
daß neue Erfahrungen nicht abgefragt werden, sondern daß nach eigenem Ermessen der einzelne etwas mitteilt, was jedoch nicht zur Diskussion gestellt wird.

Sie werden Erleben miteinander teilen, dabei wunderbar zur Ruhe kommen, anschließend Gelassenheit mit nach Hause nehmen.

Was dürfen Sie als Folge von Stilleübungen für sich und Ihre Teilnehmer erwarten? Daß für den häuslichen Alltag und für die Katechese in kleinsten Schritten Haltungen des Hörens, Sehens, Fühlens, Tragens, Nehmens, Gebens, des Verstehens der Sprache der Dinge der Welt, die Sie umgibt, des Offenseins für Menschen geweckt werden.

Wir alle können durch Stilleübungen lernen, mit dem Herzen zu sehen.

Meditativer Tanz

Zum Meditativen Tanz gehört ruhige Musik – vom Rekorder oder Plattenspieler. Das Gerät steht vor der Wand auf einem Tisch, damit Sie es leicht bedienen können.
Der Raum sollte so groß sein, daß alle Teilnehmer in Kreisform locker nebeneinander stehen können und genügend Platz haben.

Ein Meditativer Tanz beginnt, indem Sie die Teilnehmer dazu einladen, auf die gedachte Kreislinie zu kommen.
Bitten Sie die Teilnehmer mitzuschauen, ob sie den Kreis rund gestaltet und ob sie etwa gleichen Abstand voneinander haben.
Es ist besonders wichtig, daß Sie Ruhe ausstrahlen, daß Sie behutsam abwarten, bis das von Ihnen Angesagte vollzogen ist.
Bitten Sie die Teilnehmer zum Meditativen Tanz, die rechte Hand vorzustrecken – mit der Handfläche nach oben –, die linke Hand ebenso – mit der Handfläche nach unten – und dem linken Nachbarn auf seine rechte Hand zu legen.
Wiederum haben Sie viel Zeit, abzuwarten.

Wählen Sie den einfachsten Tanz, den Sie kennen.
Sagen Sie nun, daß Sie nach rechts beginnen wollen.
Gehen Sie die Schritte vor innerhalb des Kreises oder indem Sie in der Handfassung bleiben. Sagen Sie gleichzeitig an, wie Sie gehen, etwa: »rechts – links – rechts wiegen«.
Dies können Sie ein-, zwei- oder dreimal vormachen und anschließend die Teilnehmer bitten, mitzugehen.
Sind einzelne Teilnehmer unsicher, ist es ratsam, daß Sie über weitere Takte die Schrittfolge mitsprechen.

Es ist wichtig, beim ersten Versuch eines Meditativen Tanzes für die Dauer der Musik weiterzutanzen, nicht zu korrigieren, – weder falsche Schritte noch die Verformung des Kreises zur Eiform.
Wenn nötig, kann anschließend die Schrittfolge noch einmal ohne Musik geübt werden. Erst wenn alle Teilnehmer den Schritt in den Füßen haben und selbstverständlich gehen, können Sie auf Handfassung und Kreisform hinweisen. Wiederum ist die Behutsamkeit und das Wartenkönnen wichtig.

Löst das Erlernen eines Meditativen Tanzes Schwierigkeiten aus, ist entweder der Tanz in seinen Schritten zu schwer für die Gruppe, oder Sie haben ihn nicht genügend »Schritt für Schritt« vorgemacht.

Sprechen Sie nur das Nötigste.
Es geht darum, daß alle im Meditativen Tanz zur Ruhe kommen, ausruhen können, sich im Miteinander geborgen fühlen, zwischenzeitlich die Augen schließen können, weil sie sich von den übrigen Teilnehmern getragen fühlen.
Ich wünsche Ihnen, daß Sie und Ihre Teilnehmer den Meditativen Tanz als heilend genießen können.

Eutonieübung

Mit einer Eutonieübung können Sie und Ihre Teilnehmer ein Angebot der Entspannung und ein Angebot, zur Ruhe zu kommen, erfahren.
Sie brauchen einen Raum – am besten mit Teppichboden –, in dem alle Teilnehmer bequem und mit genügend Abstand voneinander auf dem Boden liegen können; am besten auf einer Wolldecke.
Die Temperatur im Raum sollte so warm sein, daß niemand im Raum friert. Ein zusätzlicher Pullover oder eine Wolljacke können ebenso vor dem Frieren schützen.

Zur Eutonieübung laden Sie ein, indem Sie die Teilnehmer bitten, sich – je nach Anzahl – in einer Reihe oder in zwei Reihen auf den Boden mit dem Rücken auf eine Wolldecke zu legen, und zwar so, daß alle mit den Füßen zu einer Wand, die kein Fenster hat, gerichtet liegen.

Eutonie ist die Wohlspannung des Körpers. In kleinsten Schritten können Sie und Ihre Teilnehmer lernen, mit den einzelnen Körperteilen zum Boden hin zu spüren, zu entspannen, Verspannungen zu lösen, ins Gleichgewicht zu kommen, den natürlichen Atem- und Bewegungsrhythmus zurückkehren zu lassen.

Indem Sie auf einem Stuhl vor den Teilnehmern sitzen, sprechen Sie – ganz besonders ruhig – zu sich selbst und zu den Teilnehmern den Text, der in Arbeitseinheit 2 (vgl. S. 76) angegeben ist.

Bevor Sie eine Eutonieübung anbieten, ist es ratsam, an einem Grundkurs in Eutonie teilzunehmen, etwa in der Eutonie-Schule Hannelore Scharing, Gernsbach Murg/Schwarzwald oder in entsprechenden Bildungsinstitutionen.

In einer Eutonieübung werden Sie erfahren, daß Sie miteinander ruhig werden.

Erfahrung von Kreativität – Malen

Sie haben den Wunsch, Ihren erwachsenen Teilnehmern Erfahrungen von Kreativität – wie Malen, Bewegung und Tanz, Musik und Worte ins Spiel bringen – zu ermöglichen.
Im Gegensatz zum Kind werden die meisten erwachsenen Teilnehmer darauf angewiesen sein, kreative Ausdrucksmöglichkeiten wie ein Kind neu zu entdecken, zu wiederholen und neu zu üben.
Sie brauchen einen Raum, am besten mit Teppichboden ausgelegt, der so groß ist, daß jeder auf dem Boden zum Malen einen reichlich großen Platz für sich finden kann.
Im Anschluß an eine Entspannungsübung, die Sie gewiß schon erlebt haben, werden Ihre Teilnehmer soweit zur Ruhe gekommen sein, daß Sie zu einer ersten Malerfahrung einladen können, wie sie in Arbeitseinheit 2 beschrieben ist.
Je konkreter und freundlicher Sie die Teilnehmer zum Malen bitten und dabei keine Ansprüche an Ihr Können stellen, um so weniger ängstlich werden Ihre Teilnehmer sein und neugierig und freudig zugreifen.
Diese erste Malerfahrung – nur auszuprobieren dürfen, wie sich Farbe, das Papier, die Hände verhalten – ist eine wesentliche Grunderfahrung für alle weiteren Malübungen.

Im Anschluß an diese Vorarbeit kann das Angebot an die Teilnehmer anspruchsvoller sein, etwa das Evangelium mit malerischen Mitteln auszudrücken.
Dies könnte geschehen, indem die Teilnehmer im entspannten Sitzen in Kreisform von Ihnen (Sie sitzen mit im Kreis) eine biblische Geschichte hören.
Über das Gehörte kommen Sie miteinander ins Gespräch.
Lassen Sie Ihren Teilnehmern bewußtwerden, daß in jedem von ihnen ein Bild – etwa von einem wachsenden Baum – entstanden ist. Machen Sie ihnen Mut, das Bild wahrzunehmen, es anzunehmen. Laden Sie die Teilnehmer dazu ein, dieses innere Bild zu gestalten, Farben zu wählen, nach denen sie gerade jetzt in diesem Augenblick greifen möchten. Jetzt, nach diesem Hörerlebnis, mögen die Teilnehmer von innen heraus mit den Fingern Striche, Flecken, Formen entstehen lassen.
Je mehr Ihre Teilnehmer schon erfahren haben, daß ihre Äußerungen nicht bewertet werden, um so freier und weniger ängstlich werden sie innere Bilder annehmen und ausdrücken können, sich mit dem Entstandenen identifizieren können: »Ja, das bin ich!«
Dieses Erleben ist nötig, um ebenso das bildnerische Gestalten untereinander nicht zu bewerten, jeden anderen im Raum mit seinem Werk so anzunehmen, wie er ist. Sie werden gewiß alle merken, daß das Bild des einzelnen nicht mit den Bildern der übrigen in der Gruppe übereinstimmt.

Sie und Ihre Teilnehmer werden überrascht sein, daß jeder sein Bild in sich hat, durch unterschiedliche Lebenserfahrungen geprägt. Das soeben Gehörte fiel auf unterschiedlichen Boden. Der Eindruck wird mit unterschiedlich viel Mut ausgedrückt. Sie werden mit Ihren Teilnehmern einen Reichtum an Aussagen entdecken. Lassen Sie es zu, daß Sie füreinander frohe Botschaft werden.
Sie werden erfahren, daß die persönliche Beziehung zum gemalten Bild wächst. Sie werden erfahren, daß es sowohl Überwindung kostet, über die Erfahrung beim eigenen Malen zu sprechen als auch Befreiung und Freude bedeutet, nämlich hier im Raum so angenommen zu werden, wie man ist. »Ich darf so sein!«
Das hilft dem einzelnen, nicht etwas vortäuschen zu müssen, was vermeintlich von ihm erwartet wird. In kleinsten Schritten kann der Teilnehmer lernen, bei sich zu bleiben, sein Selbst zu erkennen.

Erfahrung von Kreativität – Ton in meiner Hand

Bei der Tonarbeit können bis zu 20 Personen mitarbeiten. Sie brauchen einen Raum, in dem alle Teilnehmer bequem im Kreis auf dem Boden sitzen können. Ist er mit Teppichboden ausgelegt, brauchen Sie für jeden Teilnehmer ein Papiertuch (Haushaltsrolle), eine Wolldecke, einen Beutel Ton (die Tonsorte verändert sich im Brennofen farblich), Drahtschneider mit Holzgriffen.
Diese Materialien erhalten Sie in einem Bastelfachgeschäft. Gegebenenfalls können Sie in der nächsten Familienbildungsstätte, einer anderen Bildungsinstitution, einer Schule oder einem Kindergarten erfahren, wo Ton bestellt werden kann. Bei einer größeren Gemeinschaftsbestellung könnte der Preis günstiger sein.
Der Ton sollte so beschaffen sein, daß er im nichtgebrannten Zustand nicht leicht zerbricht. Der Ton sollte deshalb genügend Schamott enthalten.
Brennen lassen können Sie den Ton eventuell in dem Geschäft, in dem Sie ihn gekauft haben, oder in den schon genannten Bildungseinrichtungen, wo regelmäßig mit Ton gearbeitet wird.

Ihre Vorarbeit als Leiter besteht darin, vor Beginn der Arbeitseinheit für sich und jeden Teilnehmer mit Hilfe eines Drahtschneiders eine Scheibe von etwa 1 bis 1,5 cm abzuschneiden. Nach der benötigten Tonscheibenmenge können Sie die Kaufmenge bestimmen.
Legen Sie die Tonscheiben auf einen großen Holz-, Ton- oder Kartonteller locker aufeinander (den Teller eventuell zuvor mit einem Papiertuch oder anderem fettdichtem Material abdecken).
Bedecken Sie den gesamten Ton durch ein Tuch, wenn er im Arbeitsraum bereitsteht, bevor die Teilnehmer kommen.

Laden Sie die Teilnehmer ein, sich mit Ihnen im lockeren Kreis auf den Boden zu setzen. Fragen Sie nach, ob jeder bequem sitzt und ob alle etwa gleichen Abstand voneinander haben (ist im späteren Verlauf wichtig).
Laden Sie nun ein, die Augen zu schließen und die Hände zu einer Schale zu öffnen. Sagen Sie, daß Sie nun rundgehen und jedem etwas auf seine Hände legen würden, womit er – wenn alle etwas bekommen haben und Sie selbst wieder im Kreis auf dem Boden sitzen – eine Erfahrung im Tasten und Fühlen machen könnte.
Versuchen Sie, so behutsam wie möglich jedem eine Scheibe Ton auf die geöffneten Hände zu legen. Nehmen Sie nicht mehr als 4-5 Scheiben auf Ihrer linken Hand mit in den Kreis, und wenn Sie ein Stück Ton mit der rechten Hand bei einem Teilnehmer auflegen, berühren Sie sanft mit Ihrem Handrücken seine Hand, um das Erschrecken über den kalten Ton bei geschlossenen Augen zu vermeiden.

Erfahren die Teilnehmer Ihre Ruhe, Gelassenheit und Behutsamkeit als positiv, werden Sie zunächst den Ton auf ihren geöffneten Händen ruhen lassen. Sie versuchen zu spüren, welches Material Sie ihnen eigentlich gegeben haben.

Wenn Sie selbst wieder mit auf der Kreislinie sitzen, können Sie etwa ruhig sagen: »Ich berühre dieses Material mit den Fingerspitzen der einen Hand. Ich gleite mit den Fingern darüber. Ich ertaste es mit jedem Finger einzeln, auch mit den Fingern der anderen Hand. Ich gleite mit der Hand so sanft wie möglich über das Material. Ich umschließe es mit beiden Händen. Ich lasse es in meinen Händen ruhen.

Es wird wärmer.

Ich drücke es mit meinem Daumen, mit beiden Daumen. Ich drücke einen Finger nach dem anderen hinein.

Ich fühle, daß es weich ist, daß es nachgibt. Ich kann die Oberschicht des Materials wegschieben. Es wird an einer anderen Stelle dicker. Ich kann es kneten und kneifen. Ich kann spüren, merken, was das Material mit sich machen läßt. Ich kann eine Kugel formen, eine Höhle hineindrücken, meine Finger, meine Hand in ihm vergraben. Ich kann es länger und länger formen.«

Als Leiter können Sie erleben:
Ich habe keine bestimmte Absicht. Meine Hände tun von innen heraus. Meine Hände sind geführt, geleitet aus meinem Inneren. Sie kommen in immer näheren Kontakt mit dem Material. Es ist ein Spiel, ganz zwecklos. Ich vertiefe mich in den Ton, in meine Hände, in mein Spiel. Mit meinen geschlossenen Augen werde ich immer mehr unabhängig von kritischen Maßstäben in mir, die richten über schön und nicht schön. Ich bin alleine mit dem Ton. Ich begegne dem Ton in meinen Händen. Ich erfahre meine Hände ganz neu.
Entscheiden Sie als Leiter situativ, was Sie aus dieser Hinwendung zu Ihren Händen und zum Ton in den Raum hinein sprechen. Es ist für den einzelnen eine Hilfe beim Entdecken. Die gleichbleibende Gelassenheit in Ihrer Stimme kann den Teilnehmern vermitteln, daß Sie dies zunächst sich selbst sagen, und dabei können sie sich leichter Ihrem meditativen Verhalten anschließen.

Nach einer Zeit des Verweilens jedes einzelnen mit seinem Ton sagen Sie etwa: »Kommen Sie allmählich zu Ende mit Ihrem Ausprobieren, mit Ihrem Spiel. Wir wollen uns nun von unserem Werk trennen, es nach rechts unserem Nachbarn weitergeben und von links das Gebilde unseres linken Nachbarn annehmen.
Wir wollen dies ganz behutsam machen, daß nichts zerbricht.
Wir wollen das angenommene Werk vorsichtig betasten und fühlen, seine Formen und die Oberfläche erspüren, nichts an ihr verändern, in unserer Hand ruhen lassen.«
Sodann bitten Sie, auch dieses Werk weiterzugeben, ein neues anzunehmen. Das Zeichen dazu könnten Sie ebenso durch das Klingen eines zarten Glöckchens geben, so häufig, bis das eigene Werk bei dem angekommen ist, der es gebildet hat.

Alsdann bitten Sie als Leiter, allmählich die Augen zu öffnen. Manche Teilnehmer erwachen aus einer Versunkenheit.
Nach einer Zeit des ersten Anschauens des eigenen Tongebildes, erfolgt wie von selbst ein vorsichtiges Umherschauen auf die übrigen Werke, ein freudiges Wiedererkennen von Werken, die sie intensiv gefühlt haben.
Die unterschiedliche Wahrnehmung im Sehen und Fühlen wird deutlich.

Laden Sie die Teilnehmer ein, ihr Werk in die Mitte zu stellen, von ihren Erfahrungen bei dieser Arbeit zu erzählen. Die Sprechfreude der Teilnehmer ist nach solch intensiven Erlebnissen recht unterschiedlich.

Erfahrung von Kreativität – Musik

Als erste kreative Grunderfahrung in der Musik empfehle ich Ihnen, die Teilnehmer einzuladen, mit Ihnen im lockeren Kreis stehend die Silbe »na« zu singen. Dabei können beliebig viele beteiligt sein.
Laden Sie die Teilnehmer bei dieser Übung zunächst ein, die Augen zu schließen, mit den Fußsohlen guten Kontakt zum Boden aufzunehmen, die Schultern, Arme und Hände, das Becken und die Knie möglichst lockerzulassen.
Erklären Sie den Teilnehmern, daß sie die Silbe »na« jeder für sich, jedoch alle gleichzeitig in der Tonhöhe singen möchten, die ihnen angenehm ist. Wenn die Luft zu Ende geht, möge jeder neu beginnen, eventuell in einer anderen Tonhöhe.
Es ist wichtig, daß Sie als Leiter beginnen und das Singen durchhalten. Indem die Teilnehmer Sie hören, können sich die Ängstlichen unter ihnen herantasten und ihr Singen zögernd ausprobieren.

Es geht um ein von innen geleitetes Singen, bei dem jeder den ihm gemäßen Ton findet.
Sie werden dabei erleben, sich – im Gegensatz zum Singen eines gemeinsamen Liedes – überwinden zu können, einen Ihnen gemäßen Ton zu finden, ihn zuzulassen, während andere Teilnehmer andere Töne oder zufällig den gleichen Ton singen.
Es ist ein Sich-Einlassen auf die eigene Stimme, ein Klingenlassen eines Tons eigener Wahl, ein intensives, aufnehmendes Hören auf die anderen im Raum – mit dem Verzicht auf Führung von außen im Hinblick auf Tonart und Rhythmus: mehr ein sich »Einhören« als ein Gerichtetsein auf Signale von außen.

Sie erfahren Begegnung untereinander auf ganz neuer Ebene.
Das »na«-Singen wird ein die eigene Mitte tief berührendes Erleben. Im Wechsel von Harmonie und Disharmonie wird sich jeder einzelne getragen fühlen.
Als weitere Möglichkeit bietet sich an, gleichzeitig durch den Raum zu gehen, auch mit geschlossenen Augen. Dies steigert das Hörerlebnis im Hinblick auf sich selbst und auf die anderen. Es besteht die Möglichkeit, allein über das Hören beim einen oder der anderen stehenzubleiben und miteinander zu singen, die Tonlage zu verändern, im Miteinanderklingen auszuprobieren …

Eine weitere kreative Musikerfahrung:
Nachdem Sie Meditatives in Ihrer Mitte erlebt haben wie etwa »Vom Weizenkorn zum Brot«, »Werden und Vergehen der Blätter eines Baumes«, laden Sie zum musikalischen Ausdruck ein. Summen Sie die Töne e g oder e g a. Bitten Sie die Teilnehmer, diese Töne mitzusummen und anzuhalten und vereinzelt in das gemeinsame Summen einfache Sätze zum vorherigen Erlebnis hineinzusingen.

Hierbei kann ein Lied als Gemeinschaftsarbeit entstehen. Die gesamte Arbeit mit den Orffschen Instrumenten AE 3+4 ist ein kreatives, musikalisches Tun. Häufig stehen diese Instrumente in Pfarrgemeinden, Kindergärten oder Schulen zur Verfügung.
Auch wenn anfängliche Hemmschwellen bestehen, versuchen Sie, sich auf diese Ausdrucksmögichkeit der Musik einzulassen. Vielleicht wird in einer Musikschule oder Bildungsinstitution ein Grundkurs zum Spiel mit den Orff'schen Instrumenten angeboten. Vielleicht ist eine Erzieherin oder Lehrerin aus Ihrer Pfarrgemeinde bereit, dieses Tun zu vermitteln.
Sie und die Teilnehmer würden sich freuen, musikalisch tätig sein zu können, und zwar durch das Spiel miteinander.

Erfahrung von Kreativität – Spiel mit Worten

In der Sprache sind Sie und Ihre Teilnehmer sehr geübt. Trotzdem möchten Sie zu einem Spiel mit Worten einladen. Sie möchten Sprache ins Spiel bringen.
Sie können jeden Raum dazu benutzen, in dem Sie mit Ihren Teilnehmern im Kreis auf dem Boden (Teppichboden) oder auf Stühlen im Kreis sitzen können. Es wird kein Material benötigt.
Laden Sie die Teilnehmer ein, zu einem Wort, das sie nennen werden (wie Sonne, Frühling, Blume, Haus, Garten), zusammengesetzte Hauptwörter einfach in den Raum hineinzusagen. In einer weiteren Übung dürfen Wörter genannt werden, die in einem anderen Sinnzusammenhang zu dem von Ihnen genannten Wort stehen.
Alsdann laden Sie ein, zu diesem bestimmten Wort Sätze zu formulieren. Diese dürfen miteinander in einem Sinnzusammenhang stehen. Hierbei werden Sie erleben, daß in Einzelsätzen sowohl Freude als auch Schwierigkeiten mitgeteilt werden. Ebenso entstehen Geschichten, die einer der Teilnehmer beginnt, der nächste fortführt und so weiter.
Der einzelne Teilnehmer kann erfahren, daß er sprachlich begrenzt ist, sich kaum traut, jedoch trotzdem ein Wort dazu beigetragen hat. Er erlebt: Ich werde nicht bewertet. Ich gehöre mit dazu. Ich finde Zugang zur Gemeinschaft. Sie warten darauf, mich anzunehmen, aufzunehmen. Hier lerne ich, meine Hemmungen abzulegen. Ich erfahre mich als wertvoll. Die übrigen Teilnehmer sind offen für mich. Niemand macht es sich zunutze, daß ich Hemmungen habe, kreativ zu sein. Ich erfahre hier Gemeinschaft, die von innen heraus wächst. Sie ist mir zugetan.

Im Anschluß an ein gemeinsames Erleben zwischen Ihnen und den Teilnehmern, etwa einem meditativen Erleben, laden Sie die Teilnehmer ein, das Erlebte in Worten niederzuschreiben.
In einer besonderen Stille und besinnlichen Atmosphäre kommen einem jeden Worte von innen heraus, die er für sich aufschreibt.
Dies geschieht nicht in der Art und Weise einer Nacherzählung, sondern das Erlebte wird Gestalt in Sprache – wie ein Gedicht, aus tiefsten Seelenschichten wird es ein erfundenes Gebet.
Das vom Erleben überlaufende Herz und Gemüt kann nicht anders, als das Berührtsein in Staunen, in Loben und Danken und Bitten zu äußern, sich auf die Einladung hin dieses Erlebnisses zu entäußern.

Für Sie ist es nicht ratsam, zum Schreiben eines Gebetes einzuladen. Dieser Zugriff, dieser Eingriff steht Ihnen nicht zu.
Gestalt der Sprache kann nur in Freiheit geschehen.

Gleich der Blume, deren Knospe nur im Geschütztsein von außen aufblühen kann, ist die sprachliche Regung im Anschluß an ein tiefes Berührtsein nicht durch nachhelfendes Hervorziehen möglich. Je bescheidener sie im Anspruch an Ihre Teilnehmer sind, um so mehr wird das Wort zum Gebet.
Zutiefst berührt sein, das eigene Sein und das Sein Gottes liegen dicht beieinander. Mensch, Natur und Gott sind letztlich nicht zu trennen.
Die Teilnehmer kostet es Überwindung und Erfahrung vom Angenommensein durch Sie als Leiter und durch die übrigen Teilnehmer, aus diesen Tiefenschichten der Seele zu sprechen, das heißt, das Niedergeschriebene vorzulesen.
Sie werden mit außergewöhnlicher Aufmerksamkeit einander zuhören, so daß dieses Sprechen, diese Sprachgestalt ein besonderes Geschenk des einzelnen an die übrigen ist.

Tanz und Spiel in der Liturgie

Einen Zugang zum liturgischen Tanzen können Sie finden, wenn Sie Loben, Danken, Bitten nicht nur im Beten und Singen, sondern auch in Gestik und Bewegung zur Ehre Gottes ausdrücken möchten. Ihre eigene Freude und die Freude im Miteinander der Menschen, die hierbei beteiligt sind, sind notwendige Voraussetzung.
Der liturgische Tanz wird auch heiliger Tanz, sakraler Tanz, meditativer Tanz genannt.
Der Raum, in dem der liturgische Tanz stattfinden wird, sollte so groß wie möglich sein, jedoch nicht so groß, daß Sie sich miteinander nicht wohlfühlen können.
Sie und Ihre Teilnehmer brauchen zum liturgischen Tanz keinerlei Vorbildung, weil vor Gott jeder so dastehen kann, wie er ist.
Sie brauchen eine bestimmte Befindlichkeit, etwa: von einem geistlichen Lied berührt zu sein. Vielleicht kennen Sie ein Lied, das Ihnen aus der Seele spricht.
Das heißt: Sie können versuchen, das in Bewegung auszudrücken, was Sie bewegt.
Wählen Sie zunächst ein Lied, dessen Worte leicht in Bewegung dargestellt werden können, etwa

Vom Aufgang der Sonne
bis zu ihrem Niedergang,
sei gelobet der Name des Herrn

oder

Lobet und preiset
ihr Völker den Herrn.

Laden Sie zunächst die Teilnehmer ein, sich mit Ihnen in der Raummitte in einen lockeren Kreis zu stellen.
Ist das von Ihnen vorgeschlagene Lied nicht allen bekannt, singen Sie es zwei- oder dreimal vor, damit das Lernen des Liedes dem Versuch, sich gleichzeitig zu bewegen, vorausgeht.
(Auf einen Liedvorschlag eines Teilnehmers können Sie sich einlassen, wenn sein Text leicht in Bewegung umgesetzt werden kann.)
Es ist wichtig, daß alle dem gewählten Lied zustimmen.

Nun bitten Sie die Teilnehmer, auf einer Kreislinie hintereinander rundzugehen und beim Singen des Liedes gleichzeitig zu versuchen, das Gesungene in Bewegung darzustellen – jeder für sich, jedoch alle gleichzeitig. Es ist wichtig, daß Sie als Leiter dies versuchen, möglicherweise werden sich einzelne Teilnehmer zunächst an Ihnen orientieren.

Bitten Sie nun die Teilnehmer, diesen Rundgang mit Singen und Bewegen noch ein zweites Mal auszuprobieren. Fragen Sie anschließend, wer bereit ist, seine gefundene Bewegung zur ersten Zeile »Vom Aufgang der Sonne« vorzumachen, zu zeigen. Laden Sie alle Teilnehmer ein, diese vorgemachte Bewegung nachzuvollziehen. Ein jeder kann spüren, ob es seine Bewegung sein könnte.
Weitere Teilnehmer, die bereit sind, dürfen dann ebenso ihre Bewegung zeigen. Versuchen Sie nun, mit den Teilnehmern zu einem Ergebnis zu kommen, welche der dargestellten Bewegungsformen am meisten Zustimmung findet.

Erarbeiten Sie auf diese Weise die zweite, dritte und vierte Zeile des Liedes. Fügen Sie im Singen und in der Bewegung die Zeilen aneinander. Die Übergänge müssen fließend sein, sie müssen notfalls verändert werden.

So entsteht ein liturgischer Tanz. Er ist von dieser Gruppe von Menschen erarbeitet.
Wenn nötig, korrigieren Sie einzelne Bewegungen dahingehend, daß sie ruhiger, fließender, verinnerlichter ausgeführt werden.
Die musikalische Form des Kanons ist reizvoll, jedoch sollte grundsätzlich in der Bewegung die gemeinsame Form beibehalten werden:

In Kreisform stehend – etwa bei 16 Teilnehmern – übernehmen vier nebeneinanderstehende Teilnehmer eine Kanonstimme. Diese vier übernehmen die jeweiligen Bewegungen.
Eine Weiterführung dieses Kanons, in Bewegung ausgeführt, ist möglich, indem sich alle in vier konzentrische Kreise aufteilen:
Im Innenkreis 1 genügen 2 Teilnehmer, die das Lied gut singen können, notfalls einer.
In drei weitere Kreise teilen die übrigen Teilnehmer sich so auf, daß die Stimmen etwa gleichwertig besetzt sind. Drei besonders gute Sänger gehören nicht in eine Gruppe; am besten teilen sie sich auf drei Gruppen auf.
Bleiben Sie als Leiter im vierten Kreis (Außenkreis), damit Sie die Übersicht behalten.
Da alle auch in dieser Kanonform gleichzeitig die Bewegung ausführen, versuchen Sie zuvor, miteinander das Ende zu vereinbaren, ob z.B. jede Gruppe den Kanon zwei- oder dreimal durchsingt. Das bedeutet, das der Kanon mit gleichzeitigem Bewegungsausdruck Stimme für Stimme von innen nach außen ausklingt. Dies entspricht gewiß der Choreographie des Tanzes. Einen zusätzlichen Abschluß zu gestalten, ist Ihnen anheimgestellt.
Da Ihre Teilnehmer an der Entstehung des Tanzes beteiligt sind, werden Sie gewiß ideenreich und mutig Vorschläge machen.

Weitere geistliche Lieder, deren Textaussagen Ihnen geeignet erscheinen, können Sie grundsätzlich auf diese Art und Weise in Bewegung umsetzen.

Sie können die Kleingruppe ein bestimmtes Lied erarbeiten lassen. Das setzt vom einzelnen eine Zustimmung zum Text voraus. Er muß sich mit ihm identifizieren können beim gemeinsamen Ausprobieren.
Das spontane Ausprobieren von Vorschlägen erscheint mir wichtig, da es dem Erlebnis des liturgischen Tanzes schaden würde, wenn Sie in ein Diskutieren verschiedener Möglichkeiten abgleiten würden.

Eine weitere Möglichkeit des liturgischen Tanzes besteht darin, entlang dem Kirchenjahr zu einzelnen Festen das, was Sie feiern möchten, im Tanzen zu erarbeiten. Dabei denke ich z.B. an die Gestaltung eines Erntedanktanzes oder an einen Auferstehungstanz zu Ostern.

Der Liturgische Tanz hat seine besondere Heimat in der Feier der heiligen Messe.
Wagen Sie einen einfachen Tanz – etwa paarweise in einem Schreittanz (Fidula Verlag) die Kirche hinaufzuziehen. Versuchen Sie, mit Teilnehmern eine Gabenbereitung zu erarbeiten, basierend auf dem Lied »Siehe wir kommen, kommen mit Freuden, unsere Gaben zu bringen!«
Wenn Ihr Mut noch nicht ausreichend ist, schauen Sie in die untengenannte Literatur.

Drei unterschiedliche Möglichkeiten des Ansatzes zum Liturgischen Tanz stehen Ihnen nun offen: Das geistliche Lied, das Kirchenjahr, die Feier der heiligen Messe.
Sehen Sie als Leiter eine gute, warmherzige Beziehung zu diesen Bereichen des Lebens, aus denen viele Menschen für ihr Leben schöpfen? Wenn ja, dann ist es wichtig, daß Sie im Liturgischen Tanz Ruhe und Gelassenheit ausstrahlen, keinen Leistungsdruck und keine Bewertung vornehmen und vermitteln. Wenn aus Ihnen Ehrfurcht vor den Inhalten und Textaussagen spricht, kommt es wie von selbst bei Ihnen und den Teilnehmern vom Gehen zum Schreiten, von der lockeren Bewegung zur disziplinierten Handfassung und zur aufrechten Tanzhaltung in Kreisform und auf anderen Tanzwegen.
Versuchen Sie, den Teilnehmern dabei zu helfen, im Liturgischen Tanz zunächst den Menschen zu sehen, zu beachten, freundlich anzuschauen, der neben ihm geht, der ihm begegnet, der gegenübersteht, um dann miteinander Gott zu loben.

Der Liturgische Tanz reicht also vom absichtslosen Tanz zur eigenen Freude über den einladenden Tanz eines Lobliedes einzelner in der Kirche, die damit die übrigen Meßbesucher einladen, mitzugehen, über das Feiern des Kirchenjahres durch Tanz bis zur vorbereiteten Darstellung eines Gloria oder Benediktus während der Feier der heiligen Messe.
Die Übergänge sind nahtlos für Menschen, die im Tanzen ganz da sind.

Allen gemeinsam ist, daß sie immer für sich selbst, mit den übrigen und vor Gott tanzen.
Es ist wahrscheinlich, daß das Liturgische Tanzen für Sie als Leiter als auch für die Teilnehmer befreiend wirkt. Sie werden sich in kleinen Schritten lösen von dem, was in Ihrem Inneren schon zu sehr festgelegt war.
Erlebten Sie bisher auch ein blindes Mittun im Kirchenraum, werden Sie nun mehr hinterfragen, da Sie sich in wahrer Bewegung nicht zwingen können. Sie werden merken, was Sie in der Kirche nicht ganzheitlich anspricht.
Sie werden durch den Liturgischen Tanz mit dem neuen Erleben liturgischer Inhalte beschenkt.
Hat ein Teilnehmer Schwierigkeiten, etwa mit dem Lob Gottes oder der Freude an der Schöpfung, kann er auf diese ursprüngliche wie auch ganzheitliche Weise neu sehen.
Sie und Ihre Teilnehmer können sich neu einschwingen in das, was Ihnen auf Ihrem spirituellen Weg wertvoll ist, was Ihnen letztlich guttut.
Jeder Teilnehmer erlebt sich als gleichwertig in der Gemeinschaft. Jeder hat Anteil an dem, was im Liturgischen Tanz erarbeitet wird.
Jeder von ihnen erlebt sich in seiner Bewegung angenommen. Es ist hier kein Ort, etwas vorzutäuschen.
Durch das Erleben von Tanz wächst die Freude aneinander. Schwierigkeiten lösen sich. Es entsteht Harmonie. Jedoch brauchen diese Schwierigkeiten nicht verschwiegen zu werden.
In der Gemeinschaft des Liturgischen Tanzes dürfen Freude, Leid, Trauer, Zorn, Haß und Lebensvollzüge wie Geburt, Tod, Auferstehung und Leben ausgedrückt werden.
Daraus entsteht Kraft für den Alltag. Das Gemeinschaftserlebnis des Liturgischen Tanzes rüstet Sie einzeln für den Alltag.
Sie werden den Liturgischen Tanz erfahren als eine außergewöhnliche Begegnung, im Miteinander-Wege-Suchen und Miteinander-Wege-Gehen. Sie werden ihn sowohl klärend als auch heilend erfahren, als einen ursprünglichen Ausdruck der Freude, der Lebensbejahung, der Sehnsucht nach Gott.

Literaturhinweise:

Hilda M. Lander, Tanzen will ich. Bewegung und Tanz in Gruppe und Gottesdienst, München 1983
Hilda M. Lander/Maria R. Zohner, Meditatives Tanzen, Stuttgart 1987
Hilda M. Lander/Maria R. Zohner, Bewegung und Tanz – Rhythmus des Lebens. Handbuch für die Arbeit mit Gruppen, Mainz [3]1991
Maria G. Wosien, Sakraler Tanz. Der Reigen im Jahreskreis. Tanzbeispiele mit Tonkassette, München 1988
Maria G. Wosien, Tanz als Gebet. Feiert Gottes Namen beim Reigen, Linz 1990

Handpuppenspiel

Eine Erfahrung im Handpuppenspiel innerhalb der Familie, im Freundeskreis oder in einem gesonderten Kurs ist die beste Voraussetzung, dies in Ihre Kommunionvorbereitung hineinzunehmen, anzubieten.
Aus den Abbildungen im folgenden ist ersichtlich, wie Handpuppen angefertigt werden können – in unterschiedlichen Größen und in unterschiedlicher Qualität, mit unterschiedlich viel Zeit- und Materialaufwand.
Die Anzahl der Puppen ist nicht festgelegt. Sie richtet sich nach Ihren Ansprüchen. So viel Puppen wie Personen zu haben, ist eine Möglichkeit. Drei oder vier Puppen für beliebig viele Teilnehmer, etwa zehn Personen, ist eine andere Möglichkeit.
Es ist wichtig, daß Ihre Teilnehmer die Puppen verändern dürfen; insofern empfehle ich, die Kleider der Handpuppen so anzufertigen, daß sie ausgewechselt werden können. (Puppen anzufertigen, an denen die Kleider festgenäht werden, bedeutet jedoch einen geringeren Zeitaufwand.)
Zu den Utensilien für die Handpuppe zählen: weitere Kleider, Haarschmuck, Kopfbedeckungen wie Hüte, Mützen, Kappen, weiterhin farbige Dreieck- und Viereckstücher, Bänder und Stoffstücke, unifarbig als auch gemustert, in unterschiedlichen Größen und Stoffarten. Einige Sicherheitsnadeln können beim Umkleiden dienlich sein. Dies alles kann in Körben oder entsprechend großen Dosen oder Kartons gesondert aufbewahrt und angeboten werden. (Zu bemerken ist, daß auch die einfachste Puppenform mit Kleidung, die nicht auswechselbar ist und ohne zusätzliche Utensilien, geeignet ist.)

Die Teilnehmer sitzen auf Stühlen in Kreisform.
Die Mitte ist zunächst frei.

Sie könnten als Leiter beginnen: »Ich möchte heute zum Handpuppenspiel einladen.« Sie stellen Ihre Tasche o.ä. mit den Puppen in die Mitte.
Nehmen Sie eine Handpuppe heraus, schauen Sie sie an und zeigen Sie diese den Teilnehmern, indem Sie langsam im Kreis an Ihnen vorbeigehen und sie anschließend in die Mitte des Kreises auf den Boden legen.
Bitten Sie, daß jeder ebenso eine Puppe vorstellt und auf den Boden dazulegt.
Alsdann laden Sie alle ein, sich eine Puppe auszuwählen, die sie besonders anspricht oder die sie näher kennenlernen möchten.

Das Spiel kann beginnen.

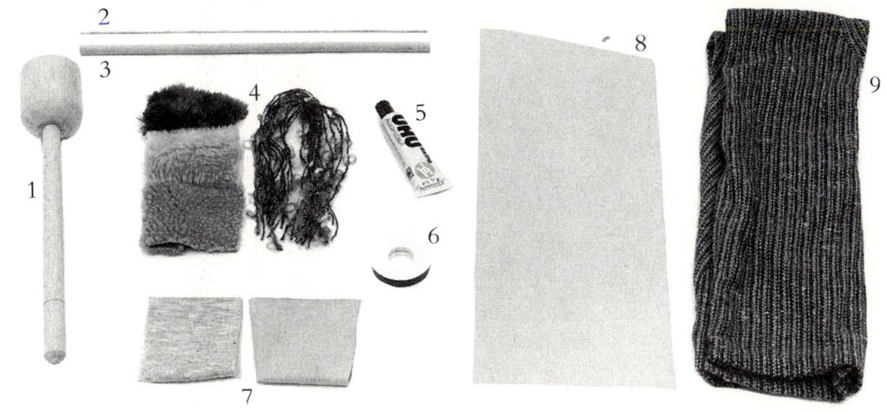

Handpuppe - Arbeitsmaterial

1) Kartoffelstampfer
2) Draht für Arme
3) Rundholz für Arme
4) Pelz-Fellstücke oder Wollfäden für Haare
5) Klebstoff
6) Leukoplast oder Tesaband
7) weicher Stoff für Arme
8) Schnittmuster für ein Kleid
9) Kleid

Handpuppe

1) Kartoffelstampfer
2) Haare aus Pelz, Fell oder Wollfäden
3) Arme aus durchgehendem Draht mit weichem Stoff überzogen oder aus einem Rundholz mit weichem Stoff überzogen
4) Leukoplast oder Tesaplast

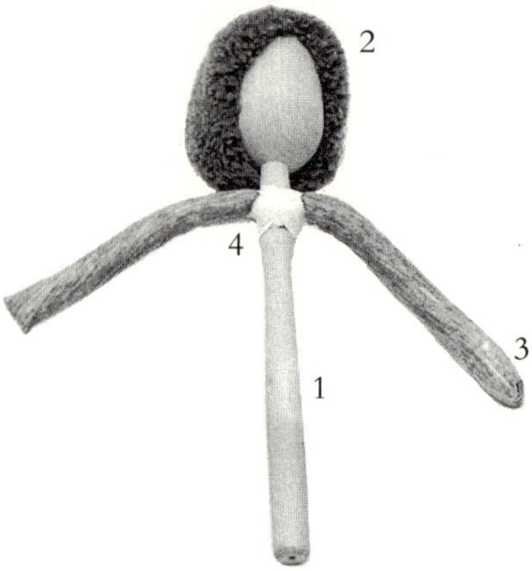

Handpuppe

1) Schwamm
2) Klebzeug
3) Leukoplast oder Tesaplast
4) Drahtkleiderbügel
5) Schnittmuster für Hand
6) Stoff für Kleid
7) Schnittmuster für Kleid
8) Haare aus Wolle
9) Pelz-Fellstücke für Haare
10) weicher Stoff für Gesicht und Hände

Handpuppe

1) Schwamm
2) Rundholz
3) Drahtkleiderbügel
4) Leukoplast - Tesaplast

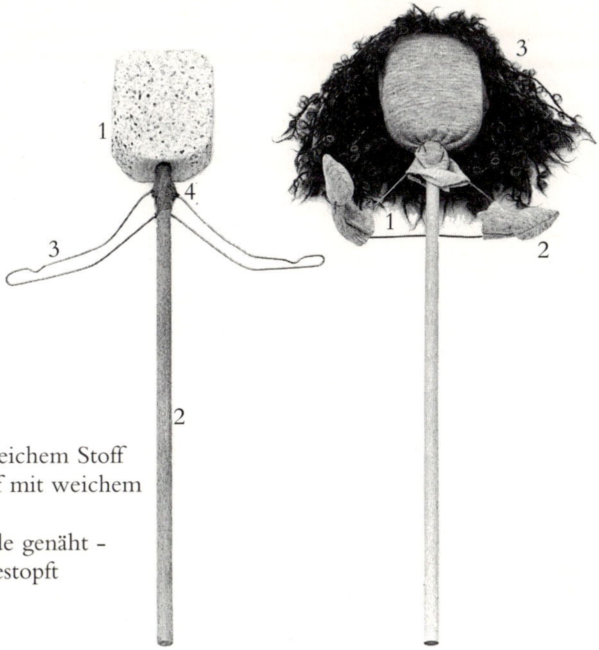

Handpuppe

1) Der Schwamm ist mit weichem Stoff überzogen - der Hinterkopf mit weichem Material ausgestopft
2) Aus weichem Stoff Hände genäht - mit weichem Material ausgestopft
3) Haare aus Wollfäden

Handpuppen

1) 1 - 4 Köpfe aus Styropor
2) alle übrigen Köpfe aus Holz
3) zum Anfassen der Puppen - Rundhölzer
4) kreisrunde oder quadratische Stoffstücke als Kleider

Die Arbeitseinheiten

1. Arbeitseinheit

Sich Kennenlernen

Wer sitzt neben mir?
Wer ist noch in diesem Raum?
Erste meditative und kreative Erfahrungen

1. Lern- und Erfahrungsmöglichkeiten

Der Leiter hat alle Vorbereitungen so getroffen, daß
- sich die TeilnehmerInnen in den räumlichen Gegebenheiten wohlfühlen,
- sie ohne jeden Zwang mitwirken und sich sprachlich äußern können,
- sie sich vom Kursleiter angenommen fühlen.

Der Leiter achtet während der Vorstellungsrunde darauf, daß
Fragen, Erwartungshaltungen und Probleme aus bisherigen Kommunionvorbereitungen genannt werden können,
- den TeilnehmerInnen bei allen Übungen Zeit gelassen wird,
- im Anschluß an eine Übung Gefühle ohne jede Bewertung geäußert werden dürfen,
- sie den sprachlichen Austausch als Klärung des eigenen Erlebens und Verständnisses erfahren können,
- sie im Zusammenhang mit der kreativen Arbeit die Möglichkeit einer tieferen Begegnung mit den übrigen TeilnehmerInnen erfahren.

Der Leiter achtet im Hinblick auf die meditativen Bewegungen darauf, daß die KatechetInnen
- das meditative Tanzen als ein Zur-Ruhe-Kommen und ein freiwilliges Aufeinanderzugehen erfahren,
- den eigenen Körper als ein Instrument erfahren, mit dem sie das, was sie bewegt, ausdrücken können.

Die KatechetInnen werden ahnen können, daß
- sich im Tanz Freude, Trauer, Schmerz, Geburt und Tod ausdrücken läßt,
- meditatives Tanzen ein zur eigenen Mitte Gehen ist.

Der Leiter achtet im Hinblick auf die Stilleübungen darauf, daß die KatechetInnen
- sich im kreativen Gestalten erfahren und auf das Ent-decken und Wieder-holen neuer und verschütteter kreativer Ausdrucksmöglichkeiten neugierig werden,
- bestimmte Naturmaterialien schauen, fühlen und auf neue Weise wahrnehmen lernen,
- sich im Kreativen anderen mitteilen können,
- Abwarten als etwa Beruhigendes und dem anderen Zugewandtes erleben.

Die KatechetInnen haben, nachdem sie sich an einem Ort gesammelt haben, die Möglichkeit,
- still zu werden und sich selbst durch ein gelegtes Zeichen in die Mitte zu bringen,
- das Gestalten einer Mitte und das Zur-Mitte-Kommen zu erleben,
- Stille zu suchen, um sich zu erleben, sich darzustellen und andere wahrzunehmen.

Der/Die KatechetIn wird erleben, daß
- er in diesem Kreis gerne gesehen ist,
- sie kommen darf, wie sie ist,
- keinerlei Erwartungshaltung sie/ihn an eine bestimmte Stelle drängt,
- es nur darum geht, hier ganz dazusein,
- eines nach dem anderen zu tun, eines nach dem anderen geschehen zu lassen.

Ich stelle mir vor, wie ich heute mit zwölf neuen Teilnehmern im Kreis sitze. Sie alle möchten Kinder auf die Erstkommunion vorbereiten.
Ich möchte auf jeden Teilnehmer zugehen, der in den Raum kommt und ihn mit Handgeben begrüßen.
Ich möchte, wenn wir zu mehreren schon im Kreis sitzen und auf die letzten warten, keine Verwirrung stiften darüber, wer der Leiter ist.
Während der Vorstellungsrunde möchte ich jeden einzelnen wahrnehmen. Mute ich mir damit nicht zuviel zu? Ich möchte den Teilnehmern mein Vertrauen entgegenbringen.
Ich möchte gut zuhören, wenn Teilnehmer von ihren Schwierigkeiten aus der bisherigen Kinderarbeit erzählen.
Dabei möchte ich nicht als Besserwisser auftreten, eher eigene Anfangsschwierigkeiten aus meiner Kinderarbeit nennen.
Ich möchte die genannten Probleme der Teilnehmer mit auf den gemeinsamen Weg nehmen.
Es wäre mir lieb, wenn die Teilnehmer heute schon den Eindruck gewinnen würden, daß wir miteinander nach neuen Wegen suchen wollen.

Vor allem möchte ich jeden ausreden lassen. Ich möchte nur, wenn es wirklich wichtig ist, etwas dazu sagen. In dieser Vorstellungsrunde haben die Teilnehmer das Wort.

Im Anschluß daran möchte ich die Stimmen der Teilnehmer ausklingen lassen, bevor ich in Ruhe mit dem meditativen Gehen beginne.

Ich möchte mich auf das Meditative Gehen so einlassen, wie es mir in den letzten Tagen zu Hause für mich allein gelungen ist.

Ich bin in banger Erwartung, ob ich mich – erstmalig mit Teilnehmern auf dem Boden arbeitend – wohlfühlen kann.

Bei der Stilleübung möchte ich ganz besonders behutsam die getrockneten Blüten, Früchte und einfachen Perlen in die Hand nehmen und ebenso behutsam zu einem Gebilde zusammenlegen. Ich möchte das, was die Teilnehmer tun oder sagen, nicht bewerten.

Ich wünsche mir den Mut, mich kreativ zu äußern, auch wenn die Teilnehmer dadurch mehr Einblick in mich gewinnen.

Ich möchte heute erkennen, daß nicht meine Worte den Kurs bestimmen; ich möchte wahrmachen, daß es die Art und Weise ist, wie ich etwas tue, wie ich den Teilnehmern begegne.

Ich nehme mir vor, etwa beim Zeichenlegen, zu warten, bis der Letzte wirklich fertig ist, ohne Gestik oder Worte des Drängens. Erst dann, wenn alle Blicke sich wieder zur Mitte gesammelt haben, möchte ich zum nächsten Tun einladen.

Wenn ich im Anschluß an eine Erfahrung bitte, zurückzuschauen und etwas über das Erlebte mitzuteilen, möchte ich ruhig, gelassen und zufrieden bleiben, auch dann, wenn nur ein oder zwei Teilnehmer antworten würden.

Ich wünsche mir, die erste Arbeitseinheit so zu erleben, daß ich mich auf die zweite Arbeitseinheit freuen werde.

3. Verlaufsskizze

1. Begrüßung

Der Leiter begrüßt die Teilnehmer einzeln, so wie sie in den Raum kommen. Diejenigen, die nicht spontan in den offenen Kreis auf einen Stuhl zugehen, lädt er ein, Platz zu nehmen.

2. Lied

Der Leiter bittet um Liedvorschläge. Bis alle Teilnehmer da sind, wird mit den zuerst Gekommenen gesungen.

3. Vorstellungsrunde

Der Leiter lädt die Teilnehmer ein, sich vorzustellen. Außer ihrem Namen mögen sie darüber sprechen, was ihnen Freude macht oder was ihnen wichtig ist.
In der zweiten Runde lädt der Leiter ein zu erzählen, warum sie sich zu diesem Kurs angemeldet haben (was sie von diesem Kurs erwarten), und welche Erfahrungen sie bisher in der Kommunionvorbereitung gemacht haben.

4. Meditatives Gehen (vgl. S.31)

Der Leiter lädt zum Gehen durch den Raum ein und bittet, die Schultern, Arme, Hände, das Becken lockerzulassen. Der Fuß wird von der Ferse über den Ballen abgerollt.
Im Gehen zur Ruhe kommen.
Das eigene Tempo finden.
Den eigenen Weg finden und spüren: »Ich gehe«.
»Ich gehe meinen Weg«.
Dann das Tempo allmählich schneller werden lassen und wieder verlangsamen.
»Ich gehe meinen Weg in meinem Tempo.«
Eine Alternative:
In Kleingruppen erfinden jeweils vier KatechetInnen ein Gehwegspiel, das sie anschließend in der Gruppe vorstellen.

5. Erfahrungsaustausch

»Was habe ich beim Gehen erlebt?«
Mitteilungen der KatechetInnen.

6. Stilleübung (vgl. S. 32)

Der Leiter lädt die KatechetInnen ein, etwas aus dem Legematerial in die Mitte zu legen.
Dazu werden zunächst die Stühle beiseitegestellt.

In Form einer Stilleübung holt jeder vom Tisch zwei Körbchen mit Legematerial (getrocknete Blüten, Früchte, Perlen ...), setzt sich in den Kreis auf den Boden und stellt die Körbchen vor sich hin.
Der Leiter beginnt diese Übung und geht mit langsamen, ruhigen Schritten ohne besonderen Geräusch- und Bewegungsaufwand.
Der nächste geht erst, wenn der vorherige wirklich sitzt.
Wenn alle dieser Übung gefolgt sind, sollte der Sitzkreis rund sein.
Anschließend dürfen die KatechetInnen an ihrem Platz etwas mit dem Legematerial vor sich auf den Boden legen. Es darf zusätzlich Material aus den Körbchen der übrigen und aus den restlichen auf dem Tisch stehenden Körbchen genommen werden.
Es wird gewartet, bis der letzte sein Werk zu Ende gelegt hat.
Der Leiter erklärt, daß sich jeder durch ein Zeichen in die Mitte gebracht hat.

7. Aus dem Blickwinkel der anderen

Er lädt ein, miteinander im Kreis um die gelegten Zeichen zu gehen und jedes einzelne aus dem Blickwinkel dessen zu sehen, der es gelegt hat.
»Wer möchte etwas zu seinem Zeichen sagen?«
»Wer möchte etwas zum Zeichen eines anderen fragen?«
Ob der andere antwortet, ist seine Entscheidung.

8. Meditativer Tanz in gebundener Form (vgl. S. 38)

Die TeilnehmerInnen reichen einander die Hände, um einen Meditativen Tanz in gebundener Form zu tanzen.
Der Leiter bittet, die rechte Hand in Ellenbogenhöhe nach oben zu öffnen – *sie nimmt* – , die linke Hand, ebenso in Ellenbogenhöhe mit der Innenfläche zum Boden gewandt, zu öffnen und auf die geöffnete Hand des linken Nachbarn zu legen – *sie gibt* –.
Die Zeichen liegen in der Mitte.
Der Tanz führt um die Zeichen in der Kreismitte.

9. Reflexion

»Wie habe ich unser Zusammensein heute erlebt?«
Oder:
»Was habe ich heute morgen erlebt?«

10. Für die folgende Arbeitseinheit:

Bequeme Kleidung tragen, in der man sich sowohl bewegen als auch auf dem Boden sitzen kann, warme Socken oder leichte Gymnastikschuhe.
Eine Wolldecke und ein Ringbuch in DIN A4-Größe (zum Sammeln von Liedblättern und selbstgewählten Textblättern) mitbringen.

4. Materialien, die ich heute brauche

Legematerial, in kleinen Körbchen geordnet, zu finden im Wald, Park, Garten, beim Kinderspielzeug, im Gartencenter, im Bastlerladen (keine Lebensmittel, nichts Eßbares)

Cassettenrekorder oder Plattenspieler

Cassette oder Schallplatte (z.B. Canon von Pachelbel)

5. Teilnehmeräußerungen

Zum Meditativen Gehen

»Gehen ohne Ziel war mir fremd. Ich habe noch nie so etwas gemacht, noch nie von so etwas gehört. Ich spürte meine Hemmschwelle sehr; jedoch merkte ich, daß ich 'reinkam und daß es mir angenehm wurde.«

»Mir wurde bewußt, daß ich sonst immer nur renne, bestimmte Ziele habe. Mir wurde positiv bewußt, mich gehenlassen zu können.«

»Zuerst hatte ich alberne Gefühle beim Gehen.«

Zu Stilleübungen

»Ich fand es sehr schön, daß wir uns alleine mit Blickkontakt verständigen konnten – und die Ruhe fand ich herrlich.«

Zum Abschluß des ersten Treffens

»Es war so schön, das Gehen, nach dem Zeichen Legen. Ich habe mich richtig wohl gefühlt. Ich empfinde hier schon Gemeinschaft.«

»Ich habe gemerkt, wie schwer es war, gedanklich abzuschalten. Ich habe auch gemerkt, wie nötig ich diese Stille brauche.«

»Das Gehen um die Zeichen war so schön. Ich fühlte mich getragen und wäre gerne noch viel länger gegangen. Schade, daß es schon zu Ende war.«

»Ich hatte das Gefühl, Ruhe und Zeit zu haben. Ich fühlte mich nicht gedrängt.«

»Ich wollte unbedingt etwas sagen zu meinem Symbol, und mich interessierten auch die übrigen Symbole, aber durch das im Kreis Gehen wurde alles mit hineingenommen.«

»Die Arbeit erlebe ich als so beruhigend. Es war ein schöner Anfang ohne Reden.«

»Beim Tun habe ich immer an meine Kindergruppe gedacht. Ob die Kinder das wohl machen würden?«

»Die brennende Kerze ist für mich sehr verheißungsvoll, und das löst die Frage aus, wie es wohl weitergeht.«

2. Arbeitseinheit

Zur Ruhe kommen

Ausgeglichenheit und Entspannung erfahren
Beim Namen gerufen werden
Hören
Malen
Was habe ich erlebt?

1. Lern- und Erfahrungsmöglichkeiten

Worauf ich achten möchte:

Während der Begrüßung:

daß die *KatechetInnen*
- sich von neuen geistlichen Liedern ansprechen und zum Mitsingen einladen lassen können.

Während der Eutonieübung:

daß die *KatechetInnen*
- eine Möglichkeit des Zurruhekommens erfahren können,
- einfache Körperübungen als Entspannung erleben können,
- es als sinnvoll erfahren können, sich zum Ruhigwerden Zeit zu lassen.

Wenn die KatechetInnen beim Namen gerufen werden:

daß die *KatechetInnen*
- ihren Namen aus der Stille in die Stille gesungen oder gesprochen hören können (dies hat eine andere Qualität, als im Alltag seinen Namen zu hören),
- diese Stille über alle weiteren Übungen erhalten können.

Während der Stilleübungen:

daß die *KatechetInnen*
- ihren Entscheidungsfreiraum zu jedem Tun erfahren können,
- eine aufnahmebereite Körperhaltung einnehmen können, um sich auf das Hören vorzubereiten, und so eine entsprechend neue Haltung in ihnen geweckt werden kann,

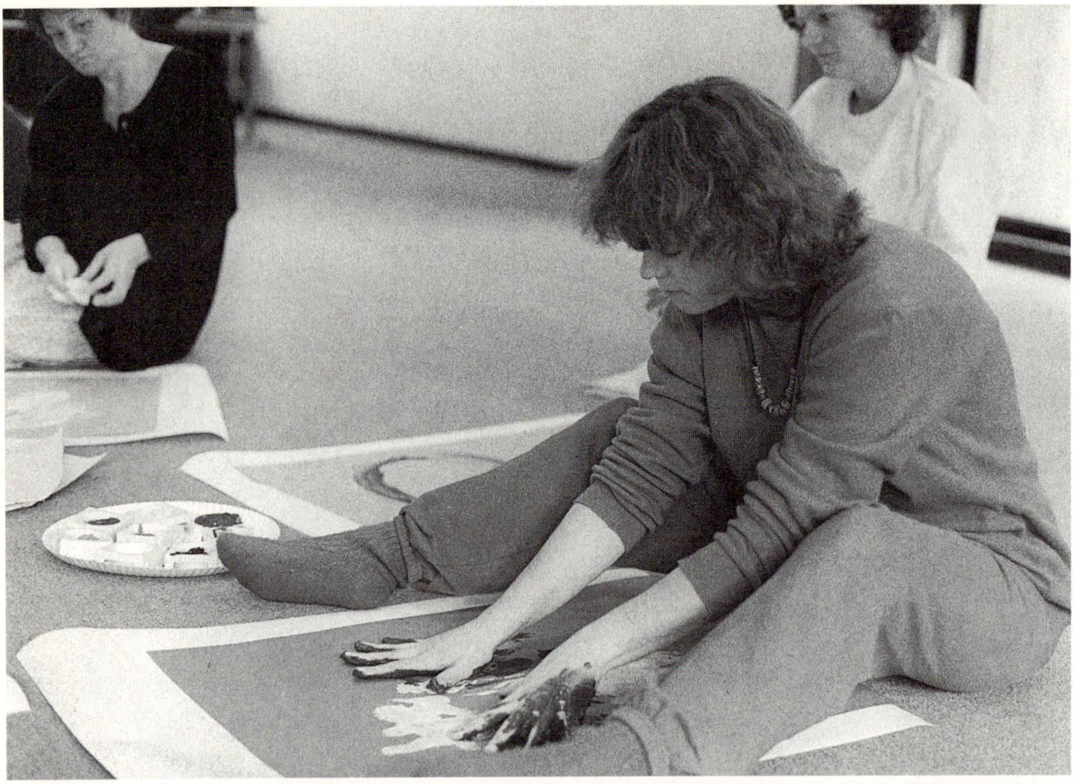

- erfahren: Diese Übung dient nicht nur dem Hören, sondern das Hören führt zur Begegnung und ist zur Mitte hin geordnet,
- über »Still werden« sensibel werden, intensiver oder auf neue Weise zu hören und sich zu begegnen,
- das »Miteinander still werden« als etwa sehr Bereicherndes erfahren,
- erfahren, daß diese Übung ihrem Bedürfnis nach Geborgenheit in dieser Gruppe entgegenkommt.

Beim Meditativen Malen,

daß die *KatechetInnen*
- die Papieroberfläche mit den Händen und Fingerspitzen wahrnehmen lernen,
- Farbe an den Händen wahrnehmen lernen,
- die Farbe mit dem Papier in Berührung bringen und sich dabei eigener Gefühle bewußtwerden,
- Malen als Spiel mit Farbe und Papier erleben,
- versuchen, einen perfektionistischen Anspruch im Hinblick auf die Bildqualität abzubauen und jegliche Bewertung auszuschließen,
- sich absichtslos einer Erfahrung überlassen lernen,
- im Gemalten sich selbst wiederfinden können,
- dieses Spiegelbild annehmen lernen (auch wenn es Schattenseiten ihres Daseins aufweist),
- wie das Malen zur Quelle der Lebensfreude werden kann,
- den anderen Teilnehmern in ihren Bildern begegnen können.

Ich möchte die Teilnehmer nicht bedrängen mit dem, was ich für heute vorbereitet habe. Zuerst möchte ich zuhören, wenn einzelne eine Erfahrung aus der ersten Arbeitseinheit nennen möchten.

Ich möchte mich darauf einlassen, ein geistliches Lied von Herzen gerne zu singen – vorzusingen.

Heute ist es mein Anliegen, nicht vorzeitig zu sprechen, sondern erst dann, wenn der/die andere wirklich zu Ende gesprochen hat, wann es wirklich sinnvoll ist.

Ich wünsche mir, mir während der Eutonieübung viel Zeit lassen zu können und diese Zeit für mich als wichtig und sinnvoll zu erkennen. Ich wünsche mir – den Teilnehmern gegenübersitzend – , ganz bei mir zu sein, die anleitenden Worte geradezu mir selbst zu sagen. Ich wünsche mir, daß sich mir die Teilnehmer – vor mir auf dem Boden liegend – nicht ausgeliefert fühlen.

Ich wünsche mir, daß es mir gelingt, so gleichbleibend gelassen zu sprechen, daß ich zur Ruhe und Entspannung finden kann.

Wenn ich erstmalig Menschen bei ihrem Namen rufe, ihren Namen singe, möchte ich dabei innerlich beteiligt sein. Ich möchte mich dabei ungeteilt jedem einzelnen zuwenden.

Wenn ich es nicht schaffe, den Namen zu singen, will ich ihn rufen oder sagen. Ich will es so gut machen, wie es mir möglich ist, mit ganz viel Zeit.

Ich möchte heute für mich akzeptieren lernen, daß ich Fehler machen kann und die Teilnehmer diese entdecken. Ich möchte lernen, darauf zu vertrauen, daß die Teilnehmer mir verzeihen.

Ich wünsche mir, daß ich hörend sein kann, selbst wenn es nur um ein Glöckchen geht. Ich möchte üben, so zart wie möglich mit ihm umzugehen.

Ich wünsche mir, im Meditativen Malen eine Beziehung zu Papier und Farbe zu gewinnen. Ich wünsche mir, meine Hände neu zu erleben. Ich wünsche mir, eigene Gefühle und Anfragen an mich nicht zu verdrängen, sondern zuzulassen und mir anschauen zu können. Ich wünsche mir – als ganz unerfahren im Malen – mein Bild trotzdem annehmen zu können. Ich wünsche mir, daß es in mir positive Gefühle auslöst, dabei auch meinen Teilnehmern zu begegnen.

Ich wünsche mir heute, von meinem Tun berührt zu sein. Ich vertraue darauf, Stille nur angenehm zu erfahren und sie nicht als eine Zeit zu erleben, in der ich eigentlich etwas sagen müßte.

Ich wünsche mir zu spüren, wie die Teilnehmer Stille erfahren.

3. Verlaufsskizze

1. Begrüßung

Während die KatechetInnen in den Raum kommen und Platz nehmen, kann ich mit oder ohne Gitarrenbegleitung neue oder bekannte geistliche Lieder singen. Bis alle eingetroffen sind, wird ein Lied im Kanon gesungen.
Statt des Singens von Liedern ist auch das Meditative Gehen möglich, ebenso meditative Bewegung nach Musik oder meditatives Singen (S. 47). Eine dieser Formen der Begrüßung wird zu jeder Arbeitseinheit wiederholt.
Im weiteren Verlauf ergeben sich – bis alle eingetroffen sind – Zweier- oder Dreiergruppen-Gespräche über die Kursarbeit selbst, über die Arbeit in den Kindergruppen und über Situationen in der Pfarrgemeinde.

2. Eutonieübung (vgl. S. 40)

Die KatechetInnen liegen auf einer Wolldecke auf dem Boden. Ihre Füße sind zur gleichen Wand gerichtet oder bei einer größeren Teilnehmerzahl in zwei gegenüberliegenden Reihen zu zwei gegenüberliegenden Wänden. Die wesentlichen Impulse sind:
Zur Ruhe kommen.
Ins Gleichgewicht kommen.
Entspannung erfahren.
Im Hautkontakt mit der Unterlage den eigenen Körper erfühlen.
Spüren, wie der jeweilige Körperteil am Boden liegt.
Der natürliche Atem- und Bewegungsrhythmus kann zurückkehren.

Übungsfolge:

»Rückenlage,
Fersen ruhen im Sitzhöckerabstand,
Arme neben dem Rumpf.
Wie liegt mein Becken am Boden?
Ruht mein Becken wie eine Schale?
Mein Kreuzbein spürt zum Boden hin,
mein Becken spürt zum Boden hin,
mein rechter Oberschenkel spürt zum Boden hin,
meine rechte Kniekehle spürt zum Boden hin,
mein rechter Unterschenkel spürt zum Boden hin,
meine rechte Ferse spürt zum Boden hin,
meine rechte Fußsohle spürt zur gegenüberliegenden Wand,
die fünf Zehen meines rechten Fußes spüren in den Strumpf,
mein linker Oberschenkel spürt zum Boden hin,
meine linke Kniekehle spürt zum Boden hin,
mein linker Unterschenkel spürt zum Boden hin,
mein linke Ferse spürt zum Boden hin,
meine linke Fußsohle spürt zur gegenüberliegenden Wand,
die fünf Zehen meines linken Fußes spüren in den Strumpf.

Liegt mein Kopf wie eine Schale?
Mein Nacken spürt zum Boden hin,
meine rechte Schulter spürt zum Boden hin,
mein rechter Oberarm spürt zum Boden hin,
mein rechter Ellenbogen spürt zum Boden hin,
mein rechter Unterarm spürt zum Boden hin,
meine rechte Hand spürt zum Boden hin,
meine linke Schulter spürt zum Boden hin,
mein linker Oberarm spürt zum Boden hin,
mein linker Ellenbogen spürt zum Boden hin,
mein linker Unterarm spürt zum Boden hin,
meine linke Hand spürt zum Boden hin,
mein oberer Rücken spürt zum Boden hin.

Wie spüre ich die eine Seite – wie die andere Seite?«

Die Übung wird beendet, indem zunächst die Hände, die Füße, die Arme, die Beine bewegt werden und man sich reckt und streckt und stöhnt.
Diese Übung stammt aus meiner Erfahrung in der Eutonie-Schule Hannelore Scharing, in Gernsbach/Murg – Schwarzwald.

3. Beim Namen gerufen werden

Nach einer Zeit des Ausruhens rufe ich alle KatechetInnen bei ihrem Namen.
Ich singe oder spreche den jeweiligen Namen.
Wer ihn hört, steht auf, bringt seine Wolldecke an den vorgesehenen Platz und setzt sich ohne besonderen Geräusch- oder Bewegungsaufwand auf die Kreislinie.
Ich rufe erst dann den nächsten, wenn der/die Vorherige ruhig sitzt.
Diese Stilleübung kann auch immer dann angeboten werden, bevor aus dem Evangelium vorgelesen wird. Dabei stehen die KatechetInnen möglichst weit von der Raummitte entfernt verteilt im Raum.
Auf der Kreislinie sitzend, flüstere ich die Namen. Wenn auf eben geschilderte Weise alle gemeinsam auf der Kreislinie sitzen, stelle ich eine brennende Kerze in die Mitte, weil nun etwas von Jesus erzählt oder vorgelesen wird.

4. Erfahrungsaustausch

»Was habe ich während der Eutonieübung erlebt?«
»Was habe ich erlebt, während ich beim Namen gerufen wurde?«

5. Stilleübung im Hören (vgl. S. 32)

Sich (bewußt) auf *eine* Sinneswahrnehmung konzentrieren.
Ein zartklingendes Glöckchen wird weitergereicht, indem die TeilnehmerInnen mit geschlossenen Augen im Kreis sitzen. Sie öffnen die Augen erst dann, wenn sie das Glöckchen dicht an ihrem Ohr klingen hören, oder die Augen bleiben so lange geschlossen, bis das Glöckchen beim/bei der letzten im Kreis angekommen ist. Jetzt kann sie/er es erst sehen.

6. Malen als Erfahrung (vgl. S. 41)

Ich lade zum Meditativen Malen ein.
Alle sitzen im Kreis auf dem Boden. Die Dinge, die gebraucht werden, liegen in der Kreismitte.
Aus verschiedenfarbigen Blättern sollte ein Blatt zum Malen ausgewählt werden.
Mit den Fingern, den Fingerspitzen die Oberfläche des Blattes ertasten.
Sich vorstellen, wie sich die Farbe an den Fingern anfühlen wird. »Wie ist sie beschaffen, ist sie warm oder kalt?«
»Welche Erfahrung werde ich machen, wenn ich die Farbe auf das Papier streiche?«
»Auf welche Weise wird das Papier die Farbe annehmen?«

»Wie verhält sich die Farbe auf dem Papier?«
Alle unschönen Erinnerungen an das Malen in der Schule versuchen »wegzupacken«.
Nicht versuchen, ein schönes Bild zu malen.

7. Reflexion

»Welche Erfahrung habe ich mit dem Papier, mit der Farbe, mit meinen Händen, mit mir selbst gemacht?«
»Wie ist es mir während unseres heutigen Beisammenseins ergangen?«

4. Materialien, die ich heute brauche

Glöckchen nach eigener Wahl.

Tonpapierbögen in unterschiedlichen Farben, 0,70 m x 1,00 m in zwei Bögen 70 x 50 geteilt, Stärke 120 g, etwa dreifache Menge wie Teilnehmer.

Schreibpapier 0,86 m x 0,60 m, Stärke 90 g, weiß, als Unterlagenblätter.

Marabu Fingerfarben 750 ml, auswaschbar, in den Farben Rot, Blau, Gelb, Grün, Schwarz, Weiß, Lila, Braun.

Leere Paletten für Farbe, ALS Verlag; oder Deckel von Marmeladengläsern o.ä.

Große Kuchenteller aus Karton, um 8 Farbpaletten daraufzusetzen.

Papiertücher (Haushaltsrolle).

Diese Materialien sind zu kaufen im Schreibwarengeschäft oder Großhandel, Papierwarengeschäft, Kunstbedarfsartikel-Geschäft, Großmärkten (mit Ausnahme von Blumentopfuntersetzern). Große Papierkuchenteller gibt es auch in der Konditorei.

Zum nächsten Mal mitbringen:
Klangkörper zum Schlagen, Schütteln, Reiben, Zupfen.

»Ich habe freudig festgestellt, daß ich das, was wir vorwiegend neu besprochen haben, in die Arbeitsmappe unserer Pfarrei einordnen kann.«
»Ich merke, daß es mein Eigen werden muß, ehe ich es mit den Kindern tun kann.«

Zur Eutonie

»Mir war, weil Ihre Stimme immer wiederholte, die Übung wie ein Litaneierlebnis – nur angenehm.«
»Ich konnte mich schlecht konzentrieren.«
»Mit der rechten Seite ging es gut, mit der linken habe ich mich gegen die Übung gewehrt. Da ging es mir durcheinander im Kopf. Ich geriet in eine schlimme Hektik, eigentlich wie immer.«
»Wir sollen ja doch was mitnehmen für die Sakramentenvorbereitung; ist noch nicht erkennbar.«

Zum Namen Rufen

»Ich fand das Namenrufen sehr schön wie Sie es machten, aber wenn ich es machen würde, käme ich mir sehr albern vor.«
»Ich habe keine Beziehung zum Namenrufen, da es mich an den ersten Flötenunterricht unserer Kinder erinnert, die haben auch Namen gespielt.«
»Ich habe erstmal gehört, welch herrlich klingende Namen Sie haben.«

Meditatives Malen

Zu Beginn des Malens: »Da wollen wir jetzt wirklich mit den Fingern reingehen?«
»Es war herrlich, das Mantschen. Ich hätte lieber noch Wasser dazugehabt, um noch mehr und noch länger zu mantschen. Es war herrlich, daß mich niemand ermahnte, daß ich mich schmutzig mache und keine Angst hatte vor Flecken.«
»Mir war das so kalt und unangenehm an den Fingern. Mir ist das keine schöne Tätigkeit.«
»Ich habe fast die ganze Zeit an meine Tochter gedacht. Ich habe es ihr früher verboten, mit Fingerfarben zu malen, und mir ist aufgegangen, daß es wohl nur aus Gründen der Sauberkeit war, daß ich nur die Wohnung schützen wollte. Das tut mir jetzt sehr leid, weil es mir so viel Freude macht.« (Gebe ihr einen Teller mit Farbpaletten für sie und ihre Tochter mit.)

3. Arbeitseinheit

Hören und Fühlen

Ich bewege mich
Mit meiner Stimme begegne ich der Stimme eines/einer anderen
Der Klang unserer Stimmen verbindet uns alle miteinander
Ich höre Klangkörper aus alltäglichem Material
Ich fühle Ton in meiner Hand
Ich schaue auf mein Verhalten

1. Lern- und Erfahrungsmöglichkeiten

Meditative Bewegung zu Musik

Ich vertraue darauf, daß die *KatechetInnen*
- im Zurruhekommen durch meditative Bewegung mit geschlossenen Augen sanfter Musik zuhören, sich von ihr ansprechen lassen, sie auf sich einwirken lassen und sich zur Bewegung einladen lassen können,
- sich ganzheitlich angesprochen fühlen,
- sich in der Bewegung loslassen können.

Die *KatechetInnen* können spüren, daß
- Die meditative Bewegung zur Musik – je nach bisherigen Erfahrungen – ein erstes »Ankommen« im eigenen Körper ist,
- sich die Musik an ihre eigene Mitte richtet und sie sich aus ihrer Mitte heraus dazu bewegen,
- sie von dem Einssein mit der Musik beglückt sind,
- sie Kraft daraus schöpfen,
- sie mit dem Leib das erleben, was über den verbalen Ausdruck hinausgeht,
- beim Hören der Musik Bilder aus dem Inneren entstehen, die sie zulassen und mit denen sie sich im Tanz ausdrücken können,
- dies alleine und mit anderen geschieht,
- es eine Mitte gibt, die außerhalb von mir liegt, umkreist wird und dies vom einzelnen und von allen zutiefst religiös erlebt wird.

Den *KatechetInnen* kann ermöglicht werden,
- Erstarrungen zu überwinden,
- sich selbst wahrzunehmen,

- Bewußtsein in den Körper zu schicken,
- aus unterschiedlichen Situationen kommend Abstand gewinnen zu können,
- Abstand von Wahrnehmungs- und Verhaltensmustern zu gewinnen, die sie aus ihrem alltäglichen Umfeld mitbringen,
- durch Übungen in der Bewegung und durch weitere meditative Übungen mit geschlossenen Augen leichter umzuschalten, negativ besetzte Erfahrungen in der Vergangenheit abzulegen, Neues zu lernen, Verlernen und Neulernen zu erleben,
- durch Übungen mit geschlossenen Augen sich nicht mit anderen vergleichen zu müssen, sich und andere nicht bewerten und verbessern zu wollen.
- So kann das eigene Tun und das Miteinandertun in der Gruppe aus einem Schweigen und direktem Erleben geschehen.

Die eigene Stimme hören

Die *KatechetInnen* können ermutigt werden,
- sich mit ihrer Stimme aktiv in den Kreis der Teilnehmer einzubringen und auch den Stimmen der übrigen zuzuhören.

Ich vertraue darauf, daß die *KatechetInnen*
- ihre eigene Stimme hören, indem sie einen Ton zu einer Silbe »na« singen,
- eine Tonlage herausfinden, die ihnen angenehm ist,
- spüren, wie ihr Atemrhythmus dabei ruhiger wird,
- zunächst nur auf die eigene Singmöglichkeit hören,
- spüren, wie die eigene Stimme aus dem Inneren, aus der eigenen Mitte kommt und sich auch an die Mitte eines anderen Menschen richten kann,
- spüren, wie sie innere Bilder der Freude und des Schmerzes mit der Stimme ausdrücken können,
- einen Leistungsanspruch an die eigene Stimme versuchen abzubauen,
- die eigene Stimme so annehmen lernen, wie sie sich darstellt,
- die eigene Stimme genießen können.

Ich vertraue darauf, daß die *KatechetInnen*
- neben der eigenen Stimme auch die Stimme der übrigen wahrnehmen,
- versuchen, die Stimmen der übrigen so anzunehmen, wie sie sie hören und einander begegnen,
- spüren, daß im Erleben der eigenen Stimme und der Stimme der übrigen eine besondere Qualität von Gemeinschaft erfahren werden kann, unabhängig davon, ob die Töne – die Stimmen miteinander harmonisch oder disharmonisch klingen.

Die *KatechetInnen* werden ahnen, daß
- dies der Anfang zu einem Singen in »Sprachen« sein kann, die keiner bestimmten Muttersprache und Melodie bedürfen,
- jeder diesem Singen einen bestimmten Sinnausdruck, Sinngehalt zuordnen kann,
- dieses Singen ebenso gemeinsames Bitten, Danken, Trauern, Loben und Anbeten sein kann.

Klangkörper

Die *KatechetInnen* werden erfahren, daß
- einfache Gegenstände aus dem Alltag als Klangkörper geeignet sind (KatechetInnen-Werkbuch, Arbeitseinheit 3),
- mit Klangkörpern aus unterschiedlichem Material und in unterschiedlicher Weise durch Schlagen, Schütteln, Reiben und Zupfen unterschiedliche Geräusche erzeugt werden können,
- diese einfachen Klangkörper ungeahnte Geräusche erzeugen.

Ton in meiner Hand

Die *KatechetInnen* dürfen erfahren, daß
- mit geöffneten Händen und geschlossenen Augen Ton zu empfangen, ein »Sich Öffnen« bedeutet und sie den Wunsch spüren werden, sich auf das Material einzulassen,
- sie sich absichtslos dem Ton zuwenden,
- sie mit den Fingerspitzen, den Fingern oder der ganzen Hand seine Oberfläche wahrnehmen können,
- sie den Ton kräftig drücken und ebenso zart streicheln können,
- sie Zeichen und Spuren mit Fingern und Händen eingraben können,
- sie den Ton mit beiden Händen umschließen können,
- sie ihn von einer Hand in die andere fallen lassen können,
- sie das Gewicht des Tons spüren.

Die *KatechetInnen* werden erfahren, daß
- sie nicht etwas Schönes zu machen haben, sondern sich dem Ton ohne Absicht überlassen können,
- gerade im Nichtanschauen, im ausschließlichen Fühlen und Tasten Formen entstehen, die aus dem Inneren kommen,
- diese anschließend nicht bewertet werden,
- sie die Form, die unter den eigenen Händen entsteht, annehmen können,
- die Form der übrigen Teilnehmer ohne Bewertung annehmen können.

Ich versuche, mich darauf einzulassen, sowohl meinem Körper, meiner Bewegung als auch der Musik zu begegnen.
Vielleicht gelingt es mir, Hemmschwellen als ein Ankommen in meinem Körper zu verstehen.
Ich wünsche mir zu akzeptieren, mich in meinem Leib wahrzunehmen.
Ich wünsche mir zu merken, daß ich Bewußtsein in meinen Körper schicken kann, daß etwas mit meinem Leib geschieht, das nicht vom Denken herrührt oder gesteuert wird, das mehr ein »Mich dem Leib überlassen« ist.
Ich möchte darauf vertrauen lernen, daß wir Teilnehmer oder die wie hier zusammen sind uns einander nicht beobachten.

Ich bemühe mich, beim »na«-Singen ausschließlich aus mir, aus meinem Inneren, aus meiner Mitte heraus zu singen. Ob ich meine Stimme als angenehm höre? Reicht mein Atem aus?
Ich vertraue darauf, daß die Teilnehmer sich mir im Singen anschließen werden.

Ich möchte meine Hemmungen überwinden, wenn ich Gegenstände aus dem Alltag in meine Katechetengruppe mitnehme und die Teilnehmer dazu einlade, mit diesen Geräusche zu erzeugen.

Ich hoffe, daß mir mein Umgang mit Ton (in meiner Küche) genügend Mut vermittelt, meine Teilnehmer zu dieser Erfahrung einzuladen.
Ich erhoffe mir ein intensives Wahrnehmen des Tons und meiner Hände, und daß ich absichtslos tun kann.

Ich wünsche mir, daß ich während der anschließenden Reflexion auch meine unguten Erfahrungen mitteilen kann.
Ich wünsche mir mehr Gelassenheit, wenn mich die Frage quält: »Was hat das eigentlich mit Sakramentenvorbereitung zu tun?« Denn in meinen Gedanken höre ich öfters diese Frage von Kollegen, Vorgesetzten oder Eltern von Kommunionkindern an mich gerichtet, selbst wenn sie mir konkret nicht begegnen.
Ich wünsche mir Menschen, die auch diesen Weg mitgehen.
Ich vertraue darauf, daß – wenn ich in Jesus Gott begegnen möchte – ich mich zunächst selbst auf den Weg machen muß.

3. Verlaufsskizze

1. Begrüßung

Siehe Arbeitseinheit 2

2. Meditative Bewegung zur Musik

»Wir schließen die Augen.«
»Wozu bewegt mich die Musik?«
(Meditative Musik)

3. Die eigene Stimme hören

Alle stehen zusammen im Kreis. Die Augen werden geschlossen.
Jeder singt gleichzeitig und beliebig lang mit den anderen die Silbe »na« in einer frei gewählten Tonlage.
Nach einer Atempause wird wieder in gleicher oder veränderter Tonlage neu begonnen.

4. Wir hören Klangkörper aus dem Alltag

Im Kreis auf dem Boden sitzend, schließen alle TeilnehmerInnen die Augen. Einer/eine schlägt die mitgebrachte leere Dose z.B. mit Stöckchen, Häkelnadel ... an. Alle übrigen versuchen, das Material der Dose und anschließend das Material des Gegenstandes, mit dem er/sie schlägt, zu er-hören.
Das Anschlagen geschieht reihum.
Einer/e schlägt einen beliebigen Rhythmus, die übrigen oder ein/e einzelner/e, der durch Blickkontakt durch den Spieler verständigt wird, spielt ihn nach oder er antwortet in einem entsprechenden Rhythmus.
Diese Art der Vorstellung geschieht auch mit den übrigen Klangkörpern zum Schütteln, Reiben und Zupfen.
Sie können auch versuchen, das Sprechen des eigenen Namens zu begleiten und einen bestimmten Rhythmus miteinander zu spielen, etwa: jeder schlägt im Viervierteltakt im Kreis reihum mit nahtlosen Übergängen.
Die Klangkörper können auf unterschiedliche Weise nach den ersten Erfahrungen eingesetzt werden:

- als einfache rhythmische Begleitung von bekannten Liedern,
- als Begleitung der eigenen Bewegungen oder der Bewegung anderer,
- als Anregung zur Bewegung,
- für eine Geräuschimprovisation,
- für eine Geräuschimprovisation zu einem Bild, zu einer Bildserie.

5. Eutonieübung

Siehe Arbeitseinheit 2 in diesem Buch, S. 75.
Anschließend: Im Kreis sitzen, die Hände zu einer Schale öffnen.

6. Ton in meiner Hand (vgl. S. 44)

In Kreisform auf dem Boden sitzend, schließen die Teilnehmer ihre Augen. Auf die zu einer Schale geöffneten Hände legt der Leiter jedem Teilnehmer ein Stück Ton.
Anschließend können sie den Ton von innen heraus gestalten und eine Form entstehen lassen. Nach einer Zeit des Umgangs mit dem Ton, geben die Teilnehmer auf meine Bitte hin dem/r rechts sitzenden Nachbarn/in ihr Werk weiter und empfangen von links in ihrer linken Hand das Werk des dort sitzenden Nachbarn. Es wird behutsam ertastet und nicht verändert.
Dies wiederholt sich so oft, bis das eigene Werk wieder ankommt. Die Betrachtung der Ergebnisse geschieht ohne Bewertung.

7. Erfahrungsaustausch

»Was habe ich über den Ton erfahren?«
»Was habe ich über meine Hände erfahren?«
«Was habe ich über mich erfahren?«

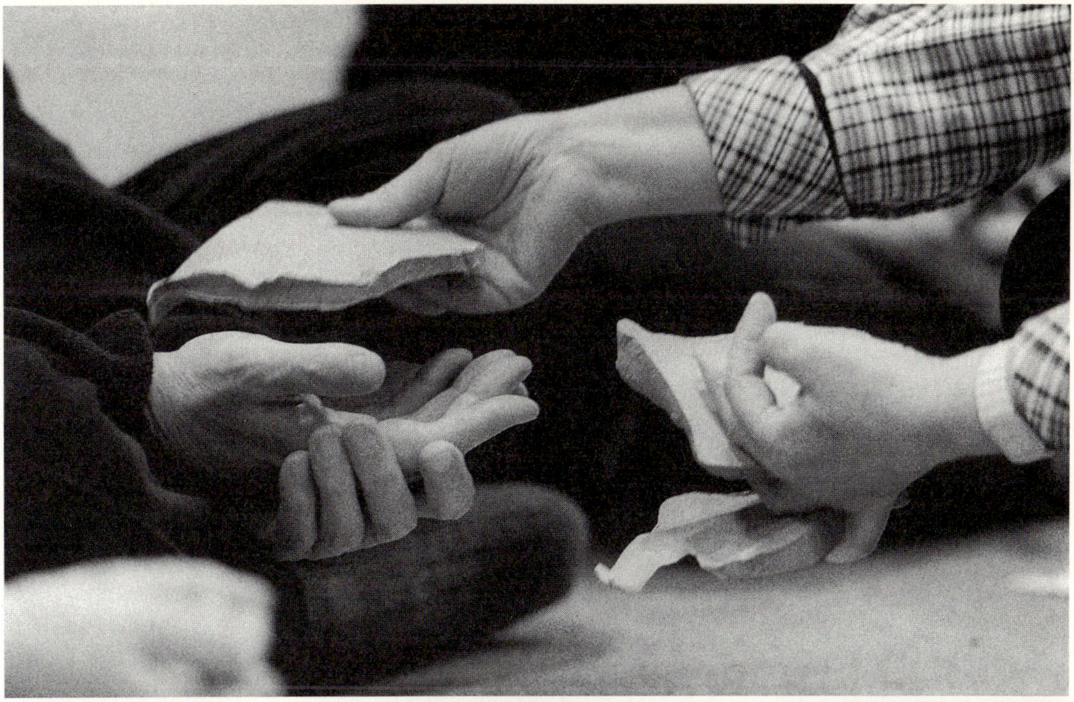

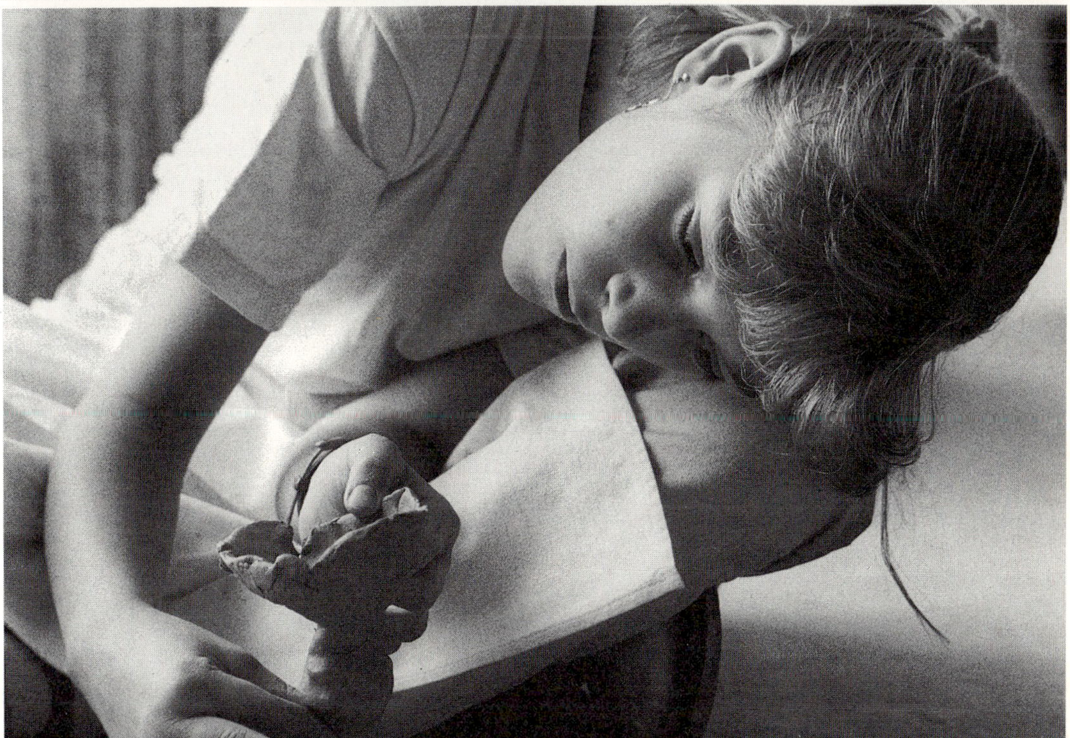

4. Materialien, die ich heute benötige

Klangkörper zum Schlagen, Schütteln, Reiben und Zupfen, gesammelt im Haushalt.

einen Stoffbeutel zur Unterbringung der Klangkörper.

Cassettenrekorder.

Meditative Musik nach Ihrer Wahl (etwa: Piccolo Blockflöte, Streicher und Cembalo von Antonio Vivaldi, PV 79 Largo, Seite 2).

Ton, fein schammottiert mit 25% Schamotteanteil,

Korngröße 0,5 mm,

Brennfarbe rot,

10 kg Beutel,

1 Tonschneider,

1 Teller aus Holz, Keramik oder Karton zum Auflegen der geschnittenen Tonscheiben,

1 Tuch zum Abdecken,

1 Papier-Haushaltsrolle.

5. Teilnehmeräußerungen

Zur Meditativen Bewegung zu Musik

»Ich war gar nicht nach außen gewandt, sondern die Musik bewirkte bei mir, daß ich mich verinnerlichte. Ich konnte alle Sorgen loslassen. Es geht mir jetzt sehr gut.«
»Ich hatte erst Schwierigkeiten, mich zu bewegen, weil ich dachte: Haben die anderen wirklich die Augen geschlossen oder hampele ich alleine hier herum? Dann habe ich ohne Absicht die Augen geöffnet, sah, daß alle in Bewegung waren und habe viel gelöster weitergemacht.«

Zur Tonarbeit

»Es ist mir sehr schwer gefallen, nicht zu schauen, sowohl beim eigenen Tun als auch beim Gestalten der anderen Teilnehmer.«
»Ich kam mit meiner Atmung nicht zurecht. Ich mußte zwischendurch mal Pause machen und öfters durch den Mund atmen.«
»Die Tonarbeit ist ein deutliches Zeichen der Persönlichkeit, das wir einfach in den Raum stellen und das von allen angenommen wird. Es ist mehr als Vorstellung mit Worten.«
»Bei der Tonarbeit dachte ich immer an die Kindergruppe – ›ob die Kinder wohl die Augen zuhalten würden?‹«
»Mir wurde plötzlich deutlich, wie schlimm Blindsein ist.«

Zu: Den Ton weitergeben und empfangen

»Ich hatte Schwierigkeiten mit dem Abgeben und Empfangen der Tonarbeit.«
»Dieses behutsame Annehmen der Tonarbeiten der übrigen Teilnehmer macht deutlich, daß wir das auch im geistigen Bereich tun sollten: den anderen lassen, wie er es macht, wie er sich verhält mit seiner Kindergruppe in der Pfarrei. Es war eine unwahrscheinliche Übung für mich.«

4. Arbeitseinheit

Bewegungen

Was mich bewegt, kann ich in Bewegung darstellen
Die Klänge der Schlaginstrumente im Zusammenspiel und als Liedbegleitung
Musikalische Gestaltung mit Hilfe von Stabinstrumenten

1. Lern- und Erfahrungsmöglichkeiten

Lied in Bewegung darstellen

Es ist mein Anliegen, daß
- die *KatechetInnen* von einem geistlichen Lied berührt werden,
- sie ein Lied in Bewegung darstellen können, wenn ihnen der Inhalt aus der Seele spricht,
- sie empfinden können, wie beim Tanzen des Liedes die Empfindung mitschwingt,
- sie spüren, wie die innere Bewegtheit in Bewegung dargestellt werden kann,
- sie merken, wie vieles in uns nach Gestalt verlangt und Glauben entsprechend ausgedrückt werden kann.

Die *KatechetInnen* können erfahren, daß
- sie im liturgischen Tanz die Ausdrucksmöglichkeiten hervorholen können, die sie nach der Kindheit vergessen, verschüttet oder nicht geübt haben,
- es keiner vorherigen Bewegungsschulung bedarf,
- die Hände sprechen lernen als Ausdruck der geistig-seelisch-leiblichen Ganzheit.

Der liturgische Tanz kann bei den *KatechetInnen* Freude auslösen, weil er
- Verkrampfungen lösen kann,
- das Glück des Leibes spüren läßt,
- kleine und große Gruppen in Bewegung setzen kann, in der Kirche und anderswo,
- eine andere Form des Betens und Singens lehrt,
- ein ursprünglicher Ausdruck der Freude, der Lebensbejahung, der Sehnsucht nach Gott ist,
- die Mentalität fremder Völker und Kulturen ahnen läßt.

Die *KatechetInnen* können ahnen und spüren, daß
- es der Ebenbildlichkeit Gottes entspricht, in der Liturgie alle Ausdrucksmöglichkeiten ins Spiel zu bringen,
- der liturgische Tanz neben den eigenen Schritten ein Aufeinanderzugehen und Miteinandersein bedeutet,
- liturgischer Tanz fast ausschließlich im Miteinander geschieht,
- sich im liturgischen Tanz in ganz besonderer Weise die Menschwerdung Gottes und seine Verehrung ausdrückt (vergleiche »und das Wort ist Fleisch geworden«, Joh 1,14).

Orffsche Schlaginstrumente

Ich möchte mich darum bemühen,
- daß die *KatechetInnen* sehen und fühlen können: Orffsche Schlaginstrumente sind aus bestimmten Materialien wie Metall, Holz und Naturfell hergestellt.

Die *KatechetInnen* können hören, daß
- sie je nach Handhabung des Anschlags und je nach Art des Herstellungsmaterials unterschiedliche Klänge hervorbringen,
- sie bei bestimmter Handhabung einen charakteristischen, reinen Klang hervorbringen,
- Instrumente aus Metall besonders lange nachklingen (Triangel, Zymbel),
- die Instrumente im Rhythmus miteinander gespielt werden können,
- die Instrumente nacheinander gespielt werden können und dabei der eine auf den anderen wartet, bis er zu Ende gespielt hat und sein Klang ausgeklungen ist,
- die Instrumente geeignet sind, Lieder zu begleiten,
- die Instrumente ihrem Klang entsprechend an unterschiedlichen Stellen eingesetzt werden können,
- im einzelnen auch leise gespielt werden sollte, um sich auf das Spiel der übrigen einzustellen.

Die *KatechetInnen* werden erfahren, daß
- der einzelne seinen Gehrhythmus (oder den der anderen) mit dem Spiel auf einem Schlaginstrument begleiten kann,
- mehrere Personen durch das Spiel auf den Instrumenten andere zur Bewegung motivieren können,
- ein Klanggespräch (mit geschlossenen Augen im Kreis sitzend) eine andere Qualität hat als ein Gespräch mit Worten,
- ein Bild oder eine Bildserie mit den Klängen untermalt werden können,
- Aufeinanderhören die wichtigste Voraussetzung für das Spiel mit Schlaginstrumenten ist.

Stabinstrumente

Ich möchte dazu beitragen, daß den *KatechetInnen* verständlich wird, daß

- bei jedem Stabinstrument die Stäbe beliebig auf- und abgelegt werden können,
- mit der Lautstärke der eigenen Spielweise die der übrigen nicht überstimmt wird,
- im Anschluß an die Arbeit mit Klangkörpern und Schlaginstrumenten jeder dieses Spiel mit unterschiedlichen Tönen mitgestalten kann,
- die Klangkörper mit Geräuschen,
  die Schlaginstrumente mit Klängen,
  die Stabinstrumente mit Tönen
  wohldosiert ein angenehmes Hörerlebnis bedeuten,
- neben der rechten Handhabung das Aufeinanderhören das Wichtigste ist,
- auch derjenige, der annimmt, er sei nicht musikalisch, am gemeinsamen Spiel beteiligt sein kann und dies sehr viel Freude macht.

Ich bemühe mich darum, meinen Körper, meinen Leib mitzunehmen in die Arbeitseinheit, da ich mit meinen Teilnehmern ein neues oder bekanntes Lied in Bewegung ausdrücken möchte.

Bin ich von einem Lied berührt?

Ob ich erfahre, daß ich nicht nur mit einer Stimme zum Beten und Singen, sondern auch mit einem Leib ausgestattet bin, der befähigt ist, auszudrücken? Oder ist in mir schon alles, was ich noch bewegen könnte, »festgestellt«?

Welches Erlebnis erwartet mich?

Wäre es möglich, daß einzelne Teilnehmer schon mehr Beziehung zu diesen Versuchen haben als ich oder gar schon darauf warten, dies erleben zu können?

Bin ich bereit, mich auf diese Weise in Bewegung zu setzen oder mich in Bewegung setzen zu lassen?

Manchmal habe ich von mir den Eindruck, daß ich noch recht schwach in meiner Gottesbegegnung bin. Ich will mehr und mehr verstehen: »Und das Wort ist Fleisch geworden«.

Das Spiel auf den Orffschen Instrumenten brauche ich mir nicht in einem Kurs anzueignen. Vielleicht ist in meiner Katechetengruppe eine Teilnehmerin, die gute Erfahrung mit dem Orffschen Instrumentarium hat und diesen Teil des Kurses sehr gerne übernehmen möchte.
Ich möchte mich darauf einlassen und werde gewiß Freude erleben.

3. Verlaufsskizze

1. Begrüßung

2. Lied in Bewegung darstellen (vgl. S. 52)

Singen eines neuen Liedes.
Ich lade ein, daß jeder für sich versucht, im »Rundgehen« durch den Raum dieses Lied in Bewegung darzustellen.
Nach einigen Versuchen schauen alle gemeinsam mehrere Bewegungsvorschläge zu jeweils einer Liedzeile, die in einem Sinnzusammenhang stehen, an.
Die TeilnehmerInnen einigen sich auf eine der gezeigten Bewegungsformen für die ganze Gruppe.
Dies geschieht Zeile für Zeile in fließender Bewegung.
Bei einem Kanon wird gemeinsam überlegt, wie dieser sich im Ablauf des gesungenen und bewegten Liedes zum Ausdruck bringen läßt.

3. Orffsche Schlaginstrumente

Alle TeilnehmerInnen sitzen miteinander im Kreis. Die Instrumente liegen in der Mitte. Jeder darf sich ein Instrument auswählen und es ausprobieren.
Die Instrumente werden unter den Teilnehmern ausgewechselt.
Jedes Instrument wird in seinem Klang von einem Teilnehmer einzeln vorgestellt.
Die Handhabung wird erläutert.
Jedes Instrument wird reihum angeschlagen; es kann ausklingen, bevor das nächste angeschlagen wird.
Einfache rhythmische Spiele (siehe Klangkörper Arbeitseinheit 3) können geübt werden.

Die Schlaginstrumente können benutzt werden als
- einfache rhythmische Begleitung von bekannten Liedern,
  Begleitung der eigenen Bewegung oder der Bewegung anderer,
- Anregung zur Bewegung,
- Klangimprovisation,
- Klanggespräch,
- Verklanglichung selbstgefundener Worte,
- Klanginterpretation eines Bildes oder einer Bildserie.

4. Stabinstrumente

Liedbegleitende Spielweise:
Ich lade ein, die Instrumente im Kreis aufzustellen (von links reihum): Sopran-

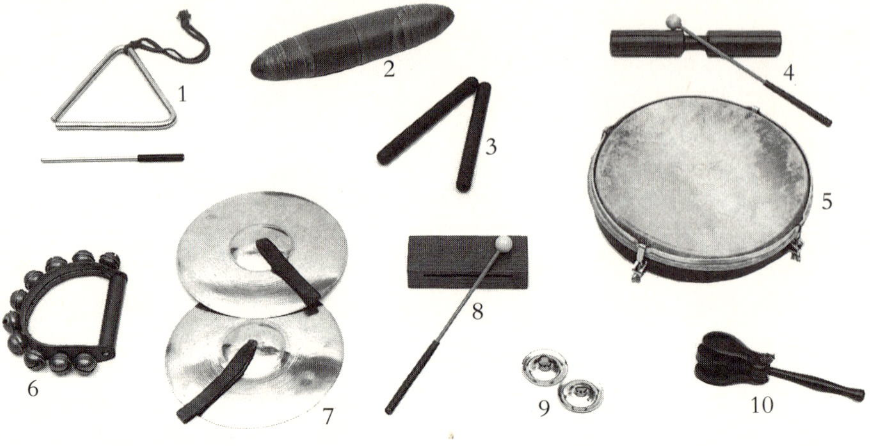

Orrffsche Schlaginstrumente

1) Triangel
2) Röhrenrassel
3) Klangstäbe (Klanghölzer) (Schlagstäbe)
4) Röhrentrommel
5) Rahmentrommel
6) Schellenbaum
7) Zymbeln
8) Holzblocktrommel
9) Fingerzymbeln
10) Kastagnette

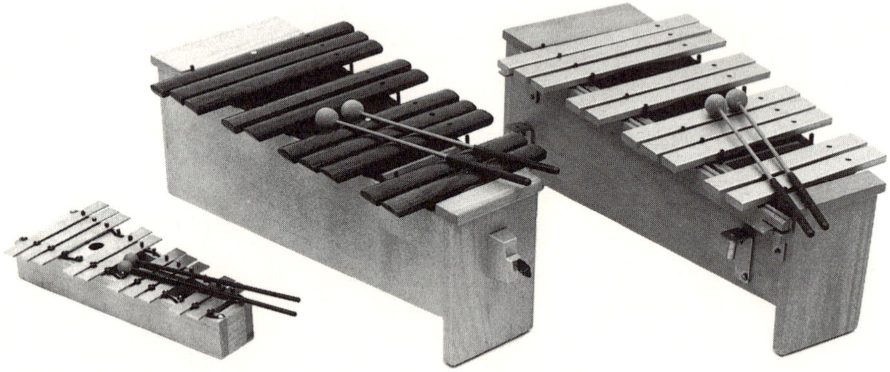

Orffsche Stabinstrumente

1) Altglockenspiel
2) Altxylophon
3) Altmetallophon

glockenspiel, Altglockenspiel, Sopranmetallophon, Altmetallophon, Sopranxylophon, Altxylophon.
Die TeilnehmerInnen sollten sich je ein Instrument wählen, ansonsten können auch zwei an einem großen Instrument spielen.
Reihum stellt jeder einzelne sein Instrument vor, indem er beliebig viele Töne anschlägt.

Handhabung der Stabinstrumente:
Es ist hilfreich, nur die Stäbe aufzulegen, die angeschlagen werden sollen.
Die Wahl der Stäbe richtet sich nach der Tonart, in der gespielt werden soll und nach der Art der Begleitung, je nachdem, ob mit zwei Tönen – Bordunübung – oder mit fünf Tönen – Ostinato.
Es kann auch eine Improvisation im Fünftonraum – Pentatonik – gespielt werden.
Die Handhabung des Schlägels bestimmt die Tonqualität.
Beim Ausschließen der vierten und siebten Stufe (f und h bei C- Dur) klingt das Miteinanderspielen harmonisch.

Einfache Spielvorschläge:
Die Stäbe mit der Aufschrift F und die Stäbe mit der Aufschrift H beiseitelegen.
Die KatechetInnen versuchen lassen, *miteinander* zu spielen.
Gelingt das Miteinanderspielen im gleichen Rhythmus noch nicht – es ein zweites und drittes Mal versuchen.

Auf den metallenen Instrumenten wird leise im gleichen Rhythmus auf den Stäben C und G gespielt. Reihum spielen die übrigen nacheinander auf den Holzinstrumenten eine kleine Melodie im Fünftonraum, hinein in diese ruhigen Grundtöne (1. und 5. Stufe).
Anschließend übernehmen die Spieler an den Metallinstrumenten – Glockenspiel und Metallophon – die Melodie, und die Spieler an den Xylophonen begleiten ebenso mit der ersten und fünften Stufe.
Ausschließlich die Stäbe C und G sind aufgelegt. Alle spielen miteinander im gleichen Rhythmus. Jedes Lied in C-Dur kann dazu gesungen werden.
Zu einem Lied in F-Dur werden ausschließlich die Stäbe F und C zur Begleitung aufgelegt, zu einem Lied in G-Dur die Stäbe G und D – die einfachste Liedbegleitung.
Zum Fünftonraum (Pentatonik) erweitert – C-Dur c d e g a –, ermöglicht ebenso bei Liedbegleitung alle Stäbe anzuschlagen, entsprechend F-Dur und G-Dur – die vierte und siebte Stufe fehlt.

Zu angeschlagenen Tönen Worte finden und Sätze bilden.
Die Teilnehmer schlagen die Töne C und G in einem langsamen Rhythmus gemeinsam an.

Ich spreche ein Wort hinein (»Sonne«).
Anschließend können zusammengesetzte Hauptwörter mit Sonne, wie beispielsweise »Sonnenschein«, in den Rhythmus hineingesprochen werden. Wenn jemand ein Wort sagt, sprechen alle im gleichen Rhythmus nach.
Das Wort wird erweitert zu Sätzen.
Es entstehen Fragesätze und Antwortsätze.
Es kann eine Geschichte entstehen.
Die Begleitung sollte sehr leise gespielt werden.

4. Materialien, die ich heute benötige

Orffsche Schlaginstrumente:

Rahmentrommel

Holzblocktrommel

Woodblock

Becken

ein Paar Zymbeln

ein Paar Fingerzymbeln

Triangel

ein Paar Schlagstäbe

Kastagnette

Schellenband

Glockenkranz

Dosenrassel

Kugelrassel

Schellenrassel
– soweit diese Instrumente vorhanden sind

(Einzelne Instrumente können mehrmals vorhanden sein.)

Stabinstrumente:

Sopran- und Altglockenspiel

Sopran- und Altxylophon

Sopran- und Altmetallophon

(Auf den Xylophonen und Metallophonen können jeweils zwei Personen an einem Instrument gleichzeitig spielen.)

Es sollten so viele Stabinstrumente vorhanden sein, daß jeder einen Spielplatz vorfindet.

(Die Glockenspiele stehen auf Tischen.)

5. Teilnehmeräußerungen

»Ich muß mich sehr konzentrieren: einen Text zur Melodie zu singen, ein Instrument zu schlagen.«

»Ich muß mich sehr anstrengen, ich kann noch nicht zugleich singen und ein Instrument spielen, dann schlage ich daneben.«

»Ich finde den heutigen Morgen ganz besonders schön, weil das ein Bereich ist, zu dem ich viel Zugang habe im Gegensatz zu dem, was wir bisher gemacht haben.«

»Ich kann mir vorstellen, daß ich dies für die Gestaltung der Kindermesse brauchen kann.«

»Wir können die Instrumente im Kindergarten leihen.«

5. Arbeitseinheit

Was geschah bei meiner Taufe?

1. Einfühlungsmeditation

Heute möchte ich lernen, mein Wissen über die Taufe, das mir bisher ausreichend erschien, nicht in den Vordergrund zu stellen.

Hoffentlich gelingt es mir, mich auf das neue Erleben der Riten einzulassen und ihre Zeichen auch für mich als ganz wichtig anzunehmen.

Ich wünsche mir, daß Wissen und Erleben nicht zu sehr in Streit in mir geraten.

Ich bemühe mich, im Tun zu bleiben und nur das Nötige zu sagen oder zu fragen, was die Beziehung zwischen dem Tun und dem Menschen und dem Tun und der biblischen Aussage bewußtmacht.

Ich hoffe, daß ich zusätzlich sensibel bin für das Erleben der Teilnehmer, die Zeiten der Stille, des Schweigens, die ja entstehen werden, positiv wahrnehme und daß ich nicht störe, weil ich soviel weiß.

Hoffentlich gelingt es mir heute, die Sprache der Dinge verstehen zu lernen.

Ob wohl das Gehen mit den brennenden Kerzen für mich wirklich ein meditatives Erleben wird?

2. *Verlaufsskizze*

Hinweise

Der Verlauf dieser Arbeitseinheit richtet sich nach den Vorschlägen zur Arbeitseinheit 3 im »Werkbuch für Katechetinnen und Katecheten« (S. 83).
Ergänzend zu den dort genannten Aspekten der *Besinnung*:
Die Beziehung zwischen Wasser und den Bildern der Bibel sollte herausgestellt werden.

Abweichend von der *Verlaufsskizze* (S. 84):
Nachdem Wasser über die Hände in eine Schüssel geschüttet wurde, werden die KatechetInnen gefragt, ob sie sich durch den Umgang mit Wasser an Bilder der Bibel erinnern (Fußwaschung, Durchzug der Israeliten durch das Rote Meer, Begegnung am Jakobsbrunnen, Fischfang, Sturm auf dem See, Taufe Jesu im Jordan, an Psalmen ...).

Es sollte Zeit zum Überlegen gelassen werden.

Es können beliebig lange Pausen – Stillephasen – zwischen den Übungen und im Anschluß an bestimmte Höhepunkte eingelegt werden (sensibel sein für das Erleben der KatechetInnen).
Spontane, aus der Gruppe entstandene oder andere passende Gebete und Lieder können hinzugenommen werden. Einzelne Elemente in ihrer eigenen Sprache sprechen lassen.
Das Tun sichtbar machen.
Alle Übungen sind ihrem Wesen nach *Stilleübungen.* Sie lassen den Menschen still werden – hörend, sehend, riechend, fühlend, schmeckend.
Wichtig sind die Zeichen, die durch den Ritus deutlich werden (Wasser, Salböl, Licht, Taufkleid).

Der Verlauf des Weges zur Weckung des Taufverständnisses wurde der Zeitschrift »Religionspädagogische Praxis« 1980/2 entnommen.

3. Materialien, die ich heute benötige

Blaues Tuch, Durchmesser 80 cm bis 120 cm, je nach Gruppengröße und Raumgröße,

8 Steine, von jeder Teilnehmerin mitgebracht,

Glaskanne mit Wasser

leere Glasschüssel

Glas mit Wasser gefüllt

Orff'sche Instrumente; wenn nicht vorhanden: Klangkörper.

Textblatt: Die Erzählung der Taufe Jesu im Jordan (aus der Zeitschrift »Religionspädagogische Praxis«)

Kerze auf einem Kerzenleuchter

Streichhölzer

Fisch aus Keramik

Töpfchen aus Ton oder Glas mit Olivenöl

für jeden eine weiße Haushaltskerze

für jeden eine Kerzenrüsche in einem kleinen Korb (Kerzenfabrik Schlösser, Oskar Jägerstraße 3, 5000 Köln 30, Tel. 0221-542153)

für jeden Glasuntersetzer für Haushaltskerze in einem kleinen Korb

Casettenrekorder

Musik, sanft, nach eigener Wahl oder
»Morgenstimmung« aus Peer-Gynt-Suite von Edvard Grieg oder Romanze aus »Kleine Nachtmusik« von Mozart

Taufkleid für jedes Kind aus weißem Stoff genäht oder aus weißem Kartonpapier zugeschnitten (siehe Materialbeschreibung im »Werkbuch für Katechetinnen und Katecheten«)

Legematerial

Kerzenlöscher

»Ich meine, das wäre zunächst mal für uns gewesen. An diesem ganzen Morgen war es für mich eine Steigerung zu immer mehr Höhepunkten, bis wir jetzt schweigend zusammensitzen. Ich fand das sehr schön, durch die Wasserübung eine gute Hinführung zur Taufe. Fast war es mir schon zuviel. Es war so schön, daß wir so viel getan haben. Wie kommen die Kinder wohl mit der Kerze und dem Wasser zurecht? Verstehen sie das?«

»Mir ist so deutlich geworden, wie wichtig doch die Taufe in der Sakramentenvorbereitung ist. Bisher haben wir das nie beachtet in der Pfarrgemeinde. Das möchte ich aber jetzt vorschlagen. Mich hat das sehr angesprochen.«

»Ich fühle mich rundum sehr wohl. Das ist schon lange nicht mehr gewesen, daß ich mich rundum sehr wohl gefühlt habe.« Als ich den Text Johannes der Täufer las, unterbrach Doris mich und sagte: »Ich habe es sonst sehr schwer mit dem Text, und er kommt bei mir nicht an. Aber Dein Text und wie Du ihn gelesen hast, so kann ich ihn zum erstenmal akzeptieren. Das ist für mich etwas besonders Schönes.«

»Gestern abend habe ich noch mit meinem Mann Gesellschaftstanz gemacht, dies tue ich schon seit Jahren. Aber hier habe ich es nicht geschafft, mich mit der Kerze rundzudrehen. Ich hätte es ja gerne gemacht; und ich weiß, nächstes Mal schaffe ich es bestimmt. Dann werde ich mich runddrehen.«

»Ich würde bei den Taufgesprächen in meiner Pfarrgemeinde auch gerne so etwas machen und nicht mehr soviel reden, wie das bisher immer war.«

»Heute habe ich zum ersten Male deutlich gespürt, daß der Herr hier in unserer Mitte war. Das war ganz wunderbar.«

»Ich fand den Aufbau von der Mitte her so schön, erst das runde blaue Tuch, die Steine, alles was auf dem Tisch steht, die Taufkleider.«

»Am meisten tief ist mir gegangen, als wir alle die Hand ins Wasser hielten in der Mitte und uns gesegnet haben. Da ist wirklich etwas übergegangen von einem auf den anderen. Wenn wir das, was wir getan haben, heute morgen mit Worten besprochen hätten, dann wäre das nicht das Gleiche gewesen; so wie hier, müßten wir das auch mit Kindern tun. Über Worte kommt das nicht so an.«

»Mir drängte sich öfters die Frage auf, ob man das wohl über zwei Stunden mit Kindern tun könnte.«

Eine Woche später:

»Ich habe in der letzten Woche ganz oft an die Tauffeier hier gedacht. Als ich das Wasser aus der Kanne in die Schüssel geschüttet habe, dachte ich gleich an die Taufe Jesu, und ich fand so schön, daß wir all die Stellen aus der Bibel gefunden haben. Dann kam alles Weitere dazu, das Salböl, die Taufkleider. Es wurde immer mehr rund. Da war der Herr einfach in der Mitte. Ich möchte das auch für die Kinder machen. Ich kann mir vorstellen, daß es für Kinder sehr schön ist.«

»Mir hat so gut gefallen, daß ich bei der Taufe aktiv sein durfte, dazu beitragen konnte. Das finde ich viel besser, als so wie wir das bisher nur über Worte zur Taufe gelernt haben.«

Grundsätzliches zum Kurs:

»Bei mir hat das, was ich hier erlebe, Auswirkungen auf meine Familie. Ich verhalte mich viel besser zu den Kindern von Mittwoch mittags an bis über das Wochenende. Und als es einmal mittwochs ausgefallen ist, habe ich deutlich gemerkt, daß die Verbesserung nicht in die zweite Woche reicht. Aber bei uns zu Hause ist einfach eine andere Atmosphäre entstanden. Die nehme ich von hier mit.«

»Ich habe viele Ängste. Beim Malen und bei der Tonarbeit habe ich gedacht, daß ich zu viel von meinem Inneren preisgebe, auch heute morgen bei der Bewegung nach Musik. Ich habe dann Sorge, daß Du das alles deuten kannst. Ich kann mich also noch nicht so frei in alles Tun hineinfallen lassen. Aber ich finde es doch ganz toll hier.«

»Ich kann mich gut in alles hineinfallen lassen und fühle mich ganz unabhängig von dem, was ein anderer von mir denken könnte. Wie heute morgen beim Bewegen nach Musik, stand ich mir einfach selbst im Weg, und dann konnte ich auch ›ja‹ dazu sagen, daß ich mir im Weg stand.«

»Ich erfahre hier sehr viel über mich selbst. Das wird mir oft am Nachmittag zu Hause erst deutlich. Aber ich kann das gut so annehmen.«

»Mir geht das alles hier nicht schnell genug. Wir haben zu lange den letzten Morgen an dem Lied gearbeitet, eine Möglichkeit der Darstellung hätte genügt. Ich weiß ja, daß ich in allem keine Ruhe habe, das hat sich ja bei dem Erleben ›Führen und Folgen‹ gezeigt, als ich in der Führungsrolle war, war mir diejenige, die führte, nicht schnell genug.«

6. Arbeitseinheit

Jesus begegnet einem Menschen

1. Lern- und Erfahrungsmöglichkeiten

Hinweis: Der Verlauf dieser Arbeitseinheit richtet sich nach den Vorschlägen zur Arbeitseinheit 4 im »Werkbuch für Katechetinnen und Katecheten« (S. 98).

Ergänzend zu den dort genannten Aspekten der *Besinnung*:

»Wir hören die Zachäus-Geschichte«

Ich wünsche den *KatechetInnen*, daß sie bemerken,
– wovon sie in dieser Geschichte besonders berührt werden,
– was sie besonders anspricht, erschreckt, ärgert,
– was sie nicht einordnen können,
– was sie noch einmal hören oder lesen möchten,
– wo (in welcher Rolle) sie sich selbst wiederfinden können,
– was sie in dem Berührtsein als Hinweis für ihren Alltag mitnehmen können,
– an welcher Stelle des Verhaltens sie mit einem kleinsten Schritt beginnen könnten.

Pantomimischer Tanz

Ich möchte meine Aufmerksamkeit darauf richten, den *KatechetInnen* in Bewegung und Spiel bewußtwerden zu lassen,
– wie verletzend es ist, von anderen Menschen ausgeschlossen zu werden,
– wie wohltuend es ist, von anderen Menschen angenommen zu werden,
– daß es Überwindung kosten kann, sich von einem anderen Menschen annehmen zu lassen,
– daß die besondere Beglückung für Zachäus darin bestand, in der menschlichen Annahme Jesu zugleich von Gott angenommen zu sein,
– und daß Gott durch Menschen – nicht an ihnen vorbei – handelt und erlebt wird.

Die *KatechetInnen* werden ahnen können,
– daß die Trennung von Gott die größte Einsamkeit bedeuten kann.

Die *KatechetInnen* können erleben, daß
- es beim Hören der Zachäus-Geschichte und bei der anschließenden Besinnung ganz natürlich ist, wenn innere Bilder entstehen,
- diese Bilder gestaltet werden dürfen,
- sie sich durch farbiges oder weißes Papier sowie von unterschiedlichen Farben zum Malen eingeladen fühlen,
- sie einem Bild aus ihrem Inneren über Hände und Farbe Gestalt geben können,
- sie ihr eigenes Bild von Zachäus malen können, unabhängig von den Bildern der anderen,
- es nicht *das* Bild von Zachäus gibt, sondern daß jeder ein eigenes in sich trägt,
- dieses persönliche Bild sowohl durch die Lebenserfahrung als auch durch das Verständnis und Sich-einlassen-Können auf die biblische Geschichte entsteht.

Den *KatechetInnen* wird deutlich werden, daß
- sie nur das malen können, was sie beim Hören der Geschichte und während der anschließenden Besinnung wahrgenommen und erlebt haben,
- dies nicht eine naturalistische Wiedergabe sein soll,
- so viele unterschiedliche Bildaussagen zum Ausdruck kommen können, wie Menschen im Raum sind,
- jeder, der gemalt hat, zur vielfältigen Sicht- und Erlebnisweise beiträgt,
- das Malen viel mehr ausdrückt als das eigene Sprechen darüber.

Die *KatechetInnen* könnten erleben:
- »Ich bin wie Zachäus!«

Musikalische Interpretation der Diareihe Zachäus oder des gemalten Bildes eines/einer KatechetIn

Die *KatechetInnen* werden erfahren, daß
- sie vor Beginn einer musikalischen Interpretation das Bild auf sich wirken lassen sollten,
- sie Empfindungen beim Betrachten eines Bildes mit Schlag- und Stabinstrumenten ausdrücken können,
- bei einer Interpretation der ganzen Gruppe nicht festgelegt wird, wer zu spielen beginnt und wie lange das Spiel zu einem Bild dauert,
- die Umsetzung des gemalten Bildes in Klänge und Töne ein Erlebnis des Sich-Einfühlens ist,
- die musikalische Interpretation eine Einstimmung sowohl in das Bild als auch in das Spiel der anderen ist,
- musikalische Interpretation eine Begegnung miteinander ist und eine andere Qualität hat als die Begegnung mit Worten,
- die Bildserie von Zachäus musikalisch interpretiert werden kann – ein Bild nach dem anderen, als auch ein einzelnes gemaltes Bild.

Heute möchte ich lernen, wo ich in meinem Alltag mehr vom Verhalten von Jesus annehmen kann.

Ich möchte erfahren, ob es wirklich ausreichend ist, daß Menschen eine biblische Geschichte ausschließlich hören.

Ich möchte heute erfahren, wie es mir zumute ist, wenn ich anschließend mit meinen Teilnehmern zu dieser Geschichte ins Gespräch komme.

Ob ich das, was mich nun bewegt, mit mehreren gemeinsam in einer Pantomime ausdrücken kann?

Ich wünsche mir, daß ich so ehrlich sein kann, wirklich mein Bild von Zachäus malen zu können, unabhängig davon, was ich vielleicht aus der Sicht anderer Kollegen oder Vorgesetzten malen müßte …

Ob ich mich von dem lösen kann, was von mir erwartet wird, nämlich, daß ich hier als Verkünder des Evangeliums eine bestimmte Rolle spiele?

Es geht mir heute darum, ob ich – weil ich ein bestimmtes Amt einnehme – hier bin, oder als Mensch mit einem Vornamen und Familiennamen.

3. Verlaufsskizze

Ergänzend zu der im »Werkbuch für Katechetinnen und Katecheten« (S. 100) benannten Verlaufsskizze:
Im Anschluß an die (1) Begrüßung können die KatechetInnen sich meditativ zur Musik bewegen (siehe dieses Arbeitsbuch, Arbeitseinheit 3, S. 81 und S. 85).

Bilder zur Zachäus-Geschichte anschauen (4): Bei einer musikalischen Interpretation durch die ganze Gruppe wird nicht festgelegt, wer zu spielen beginnt und wie lange das Spiel zu einem Bild dauert.

4. Materialien, die ich heute benötige

Casettenrekorder

(Meditative Musik nach eigener Wahl oder »Morgenstimmung« aus der Peer-Gynt-Suite von Edvard Grieg)

Bibel

besonders schöne Kerze für die Mitte

Kerzenteller

Streichhölzer

Kerzenlöscher

für alle Kopie mit Text der Zachäus-Geschichte

Malmaterial (siehe Arbeitseinheit 2, S. 79)

5. Teilnehmeräußerungen

»Durch zu Hause bedingt, war ich in Spannungen, als ich heute morgen hierher kam. Dieses Zachäus-Evangelium hat mir gesagt, wie ich mich ändern muß. Es kam genau richtig in meine Situation. Durch dieses Evangelium ist heute ein Licht in mich gekommen. Ich bin sehr dankbar dafür.«

»Ich habe noch nie ein Evangelium so wirklich erlebt, wie es heute geschehen ist. Ich habe durch meine Ausdrucksmöglichkeiten in Pantomime und im Malen ganz besonderen Zugang bekommen.«

»Mir ist bewußt geworden, daß in mir auch Zachäus ist.«

»Ich habe versucht, dieses Evangelium in meine Umwelt zu übertragen. In unserem Ort ist ein Geschäftsmann, der ganz besonders die Frauen geschäftlich ausnützt, und das ist bekannt. Wenn Jesus gerade bei ihm einkehren würde, es würde mir schwerfallen, zu verstehen.«

»Mir ist der Satz von Ihnen am wichtigsten: Bevor Gemeinschaft mit Jesus entstehen kann, muß ich als Katechetin erst Gemeinschaft mit den Kindern erfahren und unter den Kindern erfahren werden. – Diesen Satz habe ich für mein Leben mitgenommen und werde ihn nie mehr vergessen.«

7. Arbeitseinheit

Körner werden Brot

»Das hatte ich mir nicht so vorgestellt«

1. Lern- und Erfahrungsmöglichkeiten

Hinweis: Der Verlauf dieser Arbeitseinheit richtet sich nach den Vorschlägen zur Arbeitseinheit 5 im »Werkbuch für Katechetinnen und Katecheten« (S. 118).

Ergänzend zu den dort genannten Aspekten der *Besinnung*:

Ich möchte die *KatechetInnen* spüren lassen, daß
- der Anblick der gewachsenen Dinge aus der Natur und der Gegenstände zum Schauen einlädt,
- schon das Betrachten den Kreislauf von Wachsen, Reifen, Ernten, Arbeiten und Essen deutlich macht,
- durch Sehen, Hören, Tasten, Fühlen, Riechen und Schmecken eine intensive Wahrnehmung und Verinnerlichung geschieht,
- die Frage auftaucht, welches Geheimnis wohl in einem Weizenkorn verborgen ist.

Die *KatechetInnen* werden darüber staunen können, daß
- aus einem Weizenkorn nur durch »Berührtwerden« etwas Neues entstehen kann (durch die Elemente Erde, Wasser, Licht),
- die Wurzeln des Weizenkorns schneller in den Boden wachsen als die Keimlinge in die Luft,
- der sprießende Weizen trotz seines strengen und geraden Wuchses ganz weich und zart an den eigenen Händen entlanggleiten kann,
- der lange dünne Halm, auf dem die Ähre sitzt, nicht einknickt, umknickt oder sich verbiegt,
- ein als einzelnes gepflanztes Weizenkorn ein Vielfaches an Körnern hervorbringt.

Den *KatechetInnen* wird bewußtwerden, daß
- Erde, Licht, Regen in Beziehung zueinander stehen, damit das Weizenkorn wachsen kann,

- ein Zusammenhang zwischen den Vorgängen der Natur und der menschlichen Arbeit besteht,
- die menschliche Arbeit auf die Natur abgestimmt sein muß; der Mensch sät, erntet, das Korn wird gedroschen, gemahlen, das Brot wird gebacken,
- der Mensch auf die Natur angewiesen ist,
- auch die Heilsgeschichte – glauben können – Natur voraussetzt,
- »Gnade« die »Natur« voraussetzt,
- die Natur ohne den Menschen existieren kann, jedoch der Mensch die Aufgabe hat, die Natur zu schützen.

Trotz des Wissens um die vielfach mißbrauchte Natur und mißhandelte Schöpfung ist es wichtig, daß die KatechetInnen wohltuende und heilsame Erfahrungen im Bereich der Natur machen.
Sie entdecken möglicherweise Verantwortung für die Schöpfung, statt der Natur und der Welt einseitig unter der Fragestellung »Was nützt mir das, was bringt mir das?« zu begegnen.

Die *KatechetInnen* werden sich trauen,
- ihre Gefühle nach dem Zerreiben der Weizenkörner zu äußern.

Sie werden erleben,
- das Wachsen der Weizenkörner in ihren eigenen Tonschalen geduldig abzuwarten,
- was die existentielle Notwendigkeit von Brot bedeutet,
- wie ihr Interesse wächst, auf Feldern das Säen, Wachsen, Ernten von Weizen zu beobachten (so weit dies möglich ist).

Bewegungsimprovisation »Wachsendes Weizenkorn«

Die *KatechetInnen* werden sich trauen,
- sich in der Bewegung als wachsendes Weizenkorn bis zur hohen Ähre zu erleben.

Sie werden erfahren,
- daß Wachsen mit Anstrengung und Überwindung von Hindernissen verbunden ist,
- daß Wachsen »an sich geschehen lassen« bedeutet.

Sie werden spüren,
- welche Körperteile an welchem Vorgang beteiligt sind oder zuerst geweckt werden müßten.

Die *KatechetInnen* werden ermutigt werden,
- ihre Gefühle als »schlafendes« Weizenkorn und als wach-sendes Weizenkorn zu äußern.

Wort Text-Gebet erfinden

Ich vertraue darauf, daß die *KatechetInnen* durch dieses meditative Weizenkornerlebnis

- Worte aus dem eigenen Inneren sprechen lassen und annehmen können und daß das bisher Erlebte deutlicher wird,
- zum Summen einer Quint (= erste und fünfte Stufe der Tonleiter) durch den/die LeiterIn oder zum Summen im Dreitonraum (g e a) Worte/Sätze aus dem Erleben singen oder sagen werden,
- den von allen gemeinsam gefundenen Kehrvers im Gehen miteinander singen werden – als Reigen erleben werden, der unterbrochen wird, so oft einer der KatechetInnen seinen/ihren Text spricht,
- dies als eine festliche Begegnung erleben werden.

Eine angefangene Geschichte vom Weizenkorn

Die *KatechetInnen* werden

- versuchen, sich als Weizenkorn, das in die Erde gelegt werden soll, zu erleben,
- sich an der Weiterführung der Geschichte beteiligen,
- angeregt werden, die Verwandlung der Natur, das Wachsen und Vergehen als Bestandteile des eigenen Lebens zu erkennen,
- angeregt werden, den Kreislauf zwischen Tod und Leben zu erkennen,
- aus der Anschauung erfahren, daß das Sterben des Weizenkorns nicht einen endgültigen Tod bedeutet, sondern der Übergang in eine andere Wachstumsphase,
- spüren, daß sie sich selbst so wie das Weizenkorn nur verändern können, wenn sie von etwas berührt werden bzw. sich von etwas berühren lassen.

Die *KatechetInnen* werden leibhaftig erleben können, was es heißt: »Wenn das Weizenkorn nicht in die Erde fällt …« (vgl. Joh 12,24 ff.) und so auch andere Bibelstellen besser erkennen.

In der Weizenkornmeditation können die *KatechetInnen* nun erleben, daß

- viele Bilder der Bibel von Grunderfahrungen des Menschen in der Natur erzählen,
- in den Gleichnissen Jesu dem Menschen angeboten wird, sich selbst zu finden,
- Jesus in seinen Gleichnissen diese Bilder transparent macht auf eine andere Wirklichkeit hin: auf das Heil hin, das Gott uns bringt,
- Erfahrungen über die Sinne mit den Symbolen (Bildern) der Bibel, deren Hintergründe deutlichmachen,
- sie durch das Berührtwerden und Staunenkönnen über das, was sie hören, sehen, riechen, schmecken, tasten und fühlen mit ihrem Inneren ins Gespräch kommen (durch Sinnenerfahrung Sinn erfahren),

– sie aus ihrem Inneren eine Botschaft vernehmen können,
– es sie drängt, diesem Gestalt zu geben,
– sie ihre Sehnsucht wecken und ihnen neue Wege zu Gott eröffnen.

Den *KatechetInnen* wird deutlich werden,
– warum Jesus Brot für sich als Zeichen gewählt hat:
– Im Zeichen des Brotes will Jesus sich austeilen an uns Menschen, um schon Himmel unter uns zu sein, um in uns Gestalt zu werden.

Ich versuche, mich darauf einzulassen, über Hören, Sehen, Riechen, Schmecken, Tasten und Fühlen Säen, Wachsen und Ernten zu erfahren.
Ich wünsche mir, daß Grunderfahrungen der Natur für mich deutlicher werden.
Ich möchte Bildern der Bibel, Gleichnissen Jesu auf den Grund gehen.
Ich möchte noch deutlicher verstehen lernen, warum Jesus Brot für sich als Zeichen nahm.
Ich möchte all dies Zeichenhafte erleben, erfahren, geradezu als Boden, als Hinführung zu dem, was ich schon alles weiß über die Eucharistie.
Ist Gott wirklich mit im Spiel, ohne daß ständig nur sein Name genannt wird?
Ich möchte Weizenkörner säen und über Tage sprießen und wachsen sehen.
Ich möchte erfahren, ob ich über meinen Körper einem wachsenden Weizenkorn nachspüren kann.
Ich möchte erfahren, ob mir im Anschluß an eine Weizenkornmeditation Worte aus meinem Inneren in den Sinn fallen, ob ich diese Worte annehmen kann, ob ich mich dabei von meinem Erleben oder von vorgefaßten Texten leiten lasse.

Ich möchte etwas von der Freude, Besinnung und Andacht spüren, die die Väter, Mütter, die Katechetinnen und Katecheten in diesem Erleben ausstrahlen.
Ich wünsche mir überhaupt, daß ich mich auf all die Schritte, die ich mit den Teilnehmern gehen möchte, noch mehr einlassen kann, daß ich mich auf diese veränderte Rolle als Leiter einlasse: Ich *weiß* so viele Stellen aus dem Neuen Testament, kann ich überhaupt beim Thema Weizenkorn und Brot auf dieses »Verkünden« mit Worten einmal verzichten, es einmal hintanstellen, um die Qualität des Erlebens zu erfahren?
Gelingt eine »ordentliche« Kommunionvorbereitung, wenn ich nicht vordergründig rede?
Bekommen die Teilnehmer überhaupt das richtige Rüstzeug?
Nur langsam verstehe ich, daß der Weg dieses Kurses – ein ganzheitlicher Weg – viel mehr innere Beteiligung auslöst. Manchmal wehre ich mich dagegen. Habe ich mein Wissen, meine Dogmatik umsonst oder nur in meinem Kopf gelernt?
Ich möchte es manchmal nicht wahrhaben – das Ganzheitliche.

3. Verlaufsskizze

Abweichend von der *Verlaufsskizze* des »Werkbuchs für Katechetinnen und Katecheten« (S. 131) sei darauf hingewiesen, daß »Eine angefangene Geschichte vom Weizenkorn«, falls die Zeit nicht ausreicht, auch bei der Mahlfeier vorgelesen oder erzählt werden kann.

4. Materialien, die ich heute benötige

Schale mit Weizenkörnern

Tonschale mit sprießendem Weizen

Glas mit sprießendem Weizen

ein großer Strauß Ähren in einem Tonkrug oder einer anderen Vase

mehrere Holzbretter

für jeden Teilnehmer einen Stein, der eine recht glatte Außenfläche hat – zum Zerreiben der Körner

ein Holz- oder Tonteller oder eine Schale für das gemahlene Mehl

ein Brot auf einem Holz- oder Tonteller

ein Tuch, um das Brot zu Beginn abzudecken

eine Tonschale mit Erde

ein kleiner Krug mit Wasser

walzenförmige Holzteile (Kinderbausteine) zum Zerreiben von Weizenkörnern

Tonschälchen, von den Teilnehmern mitgebracht

Schreibpapier, Stifte, von den Teilnehmern mitgebracht

5. Teilnehmeräußerungen

Zur Weizenkornmeditation

»Ich denke an Tod und Auferstehung. An die Weizenkörner, die man in der Erde nicht mehr sieht, und an den sprießende Weizen.«

»Beim Zerreiben der Körner entsteht ja etwas Neues.«

»Wir haben heute ›Verwandlung‹ erlebt.«

»Ich war gestern morgen zur Weizenkornmeditation so abgehetzt, weil ich zu spät war bei dem Nebel und kam in Hektik in den Raum. Da bin ich richtig zur Ruhe gekommen, weil wir zuerst eine Zeitlang nur dagesessen haben und nur alles angeschaut haben, was Sie mitgebracht haben.«

Ein Woche später

»Ich war ganz ergriffen von dem Morgen der Weizenkornmeditation. Ich fand das ganz außergewöhnlich schön. Als die Kinder meiner Gruppe mit den Eltern zum ersten Termin kamen, hatte ich all die Gegenstände für die Weizenkornmeditation in der Küche aufgebaut, und ich habe ihnen auch das Gebet, das ich am Mittwoch gemacht habe, vorgelesen. Mein Mann war ganz begeistert von all dem.«

»Ich möchte das mit den Kindern auch so machen, und mir ist dadurch so deutlich und verständlich geworden: die wunderbare Brotvermehrung und weitere Stellen in der Bibel.«

»Ich fand am wichtigsten, daß alles mit so viel Ruhe geschah, und ich habe Sorge, daß ich das nicht so schaffe.«

»Mich hat das Bewußtmachen des Kreislaufs von Korn-in-die-Erde-Legen über das Wachsen, das Ernten, das Verarbeiten bis zum Brechen, Teilen und Essen des Brotes sehr beeindruckt. Erstaunt war ich über die Fähigkeit, wie selbstverständlich einen Text dazu zu finden, den wir sogar vertonten.«

»Es ist gut, wieder festzustellen, was für Menschenarbeit bis zur Fertigstellung des Brotes nötig ist. Daß Jesus das Brot als Zeichen für sich selbst genommen hat, zeigt uns, wie wichtig er für uns ist. Ohne Brot kein Leben – ohne Jesus kein Leben. Beim Anschauen des gesprossenen Weizens verstand ich das Lied: ›Das Weizenkorn muß sterben …‹ Es war prima, daß wir gemeinsam Brot gegessen haben. Ich empfand dadurch eine Verbundenheit mit allen.«

Zur Bewegungsimprovisation »Ich wachse wie ein Weizenkorn«

»Ich habe sehr bewußt erlebt, wie die Hülle, aus der ich als Weizenkorn gekrochen bin, hinter mir und unter mir zurückblieb und ich in die Höhe gewachsen bin.«

»Nachdem ich zunächst mit den Armen und Beinen versuchte, in den Boden zu wachsen, wurde ich immer mehr frei, nach oben zu wachsen.«

»Ich habe mich zunächst fest am Boden gefühlt und konnte erst allmählich frei wachsen.«

8. Arbeitseinheit

Trauben werden Wein

Wie etwas Neues, ganz anderes entsteht

1. Lern- und Erfahrungsmöglichkeiten

Hinweis: Der Verlauf dieser Arbeitseinheit richtet sich nach den Vorschlägen zur Arbeitseinheit 6 im »Werkbuch für Katechetinnen und Katecheten« (S. 135).

Ergänzungen zu den Aspekten der *Besinnung* im »Werkbuch für Katechetinnen und Katecheten«:

Traubenmeditation

Meine Aufmerksamkeit ist bei den *KatechetInnen* auf folgendes gerichtet:
- die Wandlung von der Traube zum Wein über das Hören, Sehen, Riechen, Schmecken, Tasten und Fühlen wahrzunehmen,
- das Zerpressen der Traube bei jedem/jeder einzelnen KatechetIn zu hören und zu sehen,
- die Traube als Kostbarkeit zu erfahren und mich durch sie zu Achtung und Ehrfurcht anregen zu lassen,
- zu erkennen, daß die menschliche Arbeit im Weinberg eine sehr schwere Arbeit ist,
- zu verstehen, daß nur die »Zusammenarbeit« von Natur – Erde, Sonne, Wasser, Luft und menschlicher Arbeit die Traube reifen läßt,
- zu erfahren, daß sich die Traube nur mit Hilfe des Menschen zu köstlichem Wein verwandeln kann,
- zu erfahren, daß der Mensch gleichzeitig eine arbeitende und schützende Funktion hat,
- neugierig zu werden auf das, was konkret im Weinberg geschieht,
- zu spüren, daß die Beziehung zur Traube in unserer Mitte auch Beziehung untereinander schafft,
- zu merken, daß das Sichwandeln auch im eigenen Leben geschieht,
- zu erkennen, daß die Rückbindung der Traube an den Weinstock ein Sinnbild für den Menschen ist, der sich im Glauben an Gott verwurzelt fühlt,
- sich bewußt zu werden, daß das Ausgepreßtwerden der Traube ein Sinnbild für eigene Hingabe ist,

- zu erkennen, daß der Werdegang vom Weinstock bis zum Wein ein Zeichen für Leben, Tod und Auferstehung ist,
- zu erfahren, daß die Frucht der Traube, nämlich der Wein, ins höhere Leben aufgeht (er ist ein köstliches Getränk, das für viele Feste wesentlich ist),
- zu erfahren, daß die Traube ganz elementare Verwandlungsprozesse erlebt und sie für uns zur »Nahrung« wird,
- zu erfahren, daß Jesus an ihrem Verwandeln deutlichmacht, daß auch er sich für den Menschen verwandeln läßt und sich ihnen im Wein schenkt,
- verstehen zu lernen, daß Jesus Weinstock, Rebe, Traube für sich als Gleichnis wählt, um den Menschen etwas über sich zu sagen,
- sich darüber zu freuen, daß die Menschen sich als Rebe vom Weinstock her speisen lassen können,
- davon angesprochen zu werden, daß Jesus – wie die Traube zerpreßt wird – sich für den Menschen hat »zerquetschen« lassen,
- zu erfahren, daß der Wein in der Eucharistie das Zeichen für Jesu Gegenwart unter den Menschen ist.

Die *KatechetInnen* können davon berührt werden, daß
- Jesus sich den Menschen im Wein, als Zeichen für sich, in seiner sakramentalen Gegenwart gegeben hat,
- Jesus sich – im Wein verborgen – an die Menschen austeilt, um sich mit ihnen zu vereinen, in ihnen Gestalt zu werden, in ihnen zu leben,
- die Vergegenwärtigung Jesu immer wieder neu in der Eucharistie gefeiert werden kann,
- in der heiligen Messe seine Liebe, seine Hin-gabe, sein Tod und seine Auferstehung gefeiert werden.

Die *KatechetInnen* nehmen teil an seiner Lebenshingabe, indem sie das Brot essen und Wein aus dem Kelch trinken; beides wird allen Menschen in seinem Namen gereicht.

Ich vertraue bei den *KatechetInnen* darauf, daß
- Bilder der Bibel einen neuen Erfahrungshintergrund bekommen,
- Bilder der Bibel deutlicher werden in ihrer Symbolsprache.

Text-Gebet erfinden

Mein Anliegen an die *KatechetInnen* bei der Traubenmeditation ist, daß
- ihnen aufgrund des Erlebens Worte und Sätze in den Sinn fallen,
- sie ihre eigene Sprache gestalten können,
- sie wie von selbst ein Gebet schreiben,

- sie ihr gefundenes Gebet in einer Tonfolge auf Glockenspiel, Xylophon oder Metallophon ausdrücken können – alleine oder zu zweit,
- im Gehen und gleichezeitigem Summen ein Lied erfunden werden kann,
- das Erleben der Traubenmeditation mit anschließendem sprachlichen und musikalischen Ausdruck bei den einzelnen unterschiedlich ist – daß in jedem sein ganz persönliches Sprach- und Musikbild entsteht.

Sprechstück

Die *KatechetInnen* werden
- zu einem gegebenem Sprechstück – dem Sinngehalt entsprechend – eine Bewegungsimprovisation erarbeiten,
- erleben, daß zunächst zu jeder Zeile Bewegungsvorschläge gemacht werden,
- sich auf eine Bewegungsform einigen,
- erleben, daß Sprechen und Sichbewegen aufeinander abgestimmt sind,
- erleben, daß dieses Spiel eine freudige Begegnung ist,
- in diesem Spiel sich selbst begegnen, die Nähe des anderen spüren, das Angwiesensein und Verbundensein im Prozeß des Wachsens und Werdens spüren,
- merken, daß sie auch so mit Jesus verbunden sind.

Imaginationsübung

Die *KatechetInnen* werden erleben,
- in ihrer Vorstellungskraft angesprochen zu sein,
- ihr Bewußtsein in den eigenen Körper schicken zu können,
- innere Bilder anschaulich werden zu lassen und dabei Vorstellungen zu erweitern,
- ihre Gefühle während der Übung äußern zu dürfen, wie etwa: eine harte Schale zu haben, mit Rebe und Weinstock verbunden zu sein, prall und voll Saft zu sein, zerquetscht und gepreßt zu werden, alles aus sich herausholen zu lassen,
- jeden einzelnen im Raum mit seiner unterschiedlichen Einbildungskraft anzunehmen,
- mit dem eigenen Bild angenommen zu sein.

Ich wünsche mir heute, mit den erwachsenen Teilnehmern zu erleben, wie Trauben zu Wein werden.

Wie ergeht es mir, wenn ich die Trauben presse?

Kann ich das Geräusch ertragen, wenn ich sie zerdrücke?
Noch nie habe ich frisch gepreßten Saft aus Trauben getrunken.
Was hat das alles mit mir zu tun?
Was wird aus mir herausgepreßt, für wen?
Wer macht das?
Was ist das für ein Saft?
Wie wirkt er auf andere Menschen?
Können sie ihn trinken, oder ist er Gift für die anderen?

Wie ist mir zumute, wenn die schöne äußere Schale von mir zerdrückt wird, wenn jemand an meinem Äußern kratzt?

Was gärt in mir, wenn wirklich nur das Innere übrigbleibt?
Was wird da verwandelt?
Wird etwas verwandelt?
Bleibt die Schale ganz und wird nicht zerdrückt?
Lasse ich diese Verwandlung zu?

Wo ist da Jesus – im Äußeren oder im Inneren?

Werde ich wirklich Wein?

Wird dieser Wein angenommen und getrunken?
Kann Jesus durch mich in diesem Wein deutlich werden?

3. Verlaufsskizze

Ergänzungen zur *Verlaufsskizze* im »Werkbuch für Katechetinnen und Katecheten« (S. 137):

Zu »Traubensaft trinken« (8)

Die KatechetInnen trinken Weißwein und Rotwein, jeweils aus einem Glas, eventuell das Glas jeweils mit Tuch abwischen, nicht – wie bei Kindern angegeben – Traubensaft; in Betracht ziehen, daß ein/eine KatechetIn keinen Alkohol trinken möchte.

Zu »Gebet erfinden« (11)

Die KatechetInnen könnten als Ausdruck der Traubenmeditation ein Lied erfinden, während der Leiter die Töne e g oder g e a im Wechsel summt.
Die KatechetInnen könnten anstelle von kreisrunden Blättern DIN A4-Blätter wählen, wenn sie die Traubendolde nicht herstellen möchten.

4. Materialien, die ich heute benötige

Trauben auf einem Tonteller

ein höheres leeres Tongefäß

ein Haarsieb auf einer Tonschale oder einem Teller

ein Holzlöffel oder anderer Löffel auf Schale oder Teller

Glas für jeden

Glas mit Weißwein gefüllt

Glas mit Rotwein gefüllt

Servietten zum Säubern der Gläser

Papier und Stifte, von den Teilnehmern mitgebracht

Orff'sche Instrumente

eine kleine Menge Trauben auf Ton- oder anderem Teller, von jedem mitgebracht

5. Teilnehmeräußerungen

»Das Zerquetschen der Trauben ist gleich dem Zerreiben des Weizenkorns.«

»Aus dem Zerpressen entsteht Lebenssaft.«

»Ich lasse mich nicht so auspressen.«

»Ich habe nur sehr schwer die Imaginationsübung mitgemacht. Ich habe bei allem viel Hemmungen. Sie können sich nicht vorstellen, wie schwer es mir ist, etwas in der Runde zu sagen. Aber das ist ja in dieser Gruppe auch schon etwas besser geworden. Auch mit Bewegung und Spiel habe ich es sehr schwer. Es hat sich ja alles schon gebessert.«

9. Arbeitseinheit

Wir haben schon Wichtiges aus der Messe erlebt

1. Lern- und Erfahrungsmöglichkeiten

Hinweis: Der Verlauf dieser Arbeitseinheit richtet sich nach den Vorschlägen zur Arbeitseinheit 7 im »Werkbuch für Katechetinnen und Katecheten« (S. 149). Die folgende Arbeitseinheit findet eine Fortsetzung in Arbeitseinheit 12 dieses Arbeitsbuches (S. 150).

Ergänzungen zu den Aspekten der *Besinnung* im »Werkbuch für Katechetinnen und Katecheten«:

Bekannte und neue Gegenstände

Ich hoffe, daß die *KatechetInnen* sich erinnern,
- in welchen Situationen des bisherigen Tuns diese Gegenstände von Bedeutung waren,
- ob sie diese schon in der Hand gehalten haben,
- ob sie ihnen dabei schon vertraut geworden sind.

Ich gehe davon aus, daß die *KatechetInnen*
- neugierig werden, was nun mit diesen Gegenständen in der Mitte geschehen wird,
- diese Gegenstände in Beziehung setzen können zum bisherigen Erleben der heiligen Messe,
- neugierig darauf werden, was auf einem Tisch in der Ecke des Raumes unter einem Tuch verdeckt steht.

Ich vertraue darauf, daß die *KatechetInnen* berührt sein werden von dem, was unter dem Tuch stand und sie nun aus der Nähe sehen können.

Ich möchte den *KatechetInnen* ermöglichen,
- Freude im Schauen zu erleben,
- im Schauen zu verweilen,
- zu empfinden, daß durch die Farbe Gold ein Gegenstand besonders kostbar wird,
- den Wunsch zu spüren, etwas zu sagen, spontan zu beten, vielleicht ein zuvor erfundenes Gebet zu sprechen,

- zu spüren, wie schön es ist, mit etwas Kostbarem in der Hand zu gehen, es durch den Raum zu tragen und um die schon länger vertrauten Gegenstände auf dem Tisch in der Mitte zu gehen,
- Loben, Danken, Bitten im Sprechen und Singen und Sichbewegen als wesentliche Elemente der Eucharistiefeier zu erkennen, weil sie zu den wesentlichen Ausdrucksmöglichkeiten zählen.

Ich möchte die *KatechetInnen* ermutigen,
- ihre Erfahrungen mit den neu hinzugekommenen Gegenständen zu erzählen,
- in den folgenden Gottesdiensten die Handhabung und Bedeutung dieser Gegenstände besonders wahrzunehmen,
- sich erneut von der Einladung zur Feier der Eucharistie ansprechen zu lassen.

Gestalten der Gegenstände

Ich möchte die *KatechetInnen* ermutigen,
- einen Gegenstand nach ihrer Wahl zu gestalten (malen, Kohlezeichnung, Buntpapierarbeit, Ton ...).

Stilleübung

Ich möchte die *KatechetInnen* erleben lassen,
- daß sie über das Hören gemeinsam zur Ruhe kommen,
- sich auf eine Sinneswahrnehmung zu konzentrieren,
- daß bei behutsamem Umgang mit dem Glöckchen dieses leiser klingt und alle noch aufmerksamer werden,
- im geordneten Gerichtetsein auf das Hören, Gemeinsamkeit mit den übrigen zu spüren,
- jeden einzelnen Klang zu erwarten,
- sich an diesem Spiel freuen zu können,
- daß in der Stille die Frage auftauchen kann: Wie geht es jetzt weiter?,
- daß der Anblick der Bibel in der Hand des Leiters eine positive Erwartungshaltung auslöst oder die Enttäuschung: »Das kenne ich ja schon alles!«,
- in der körperlichen Haltung schon auf das Hören eingestellt zu sein.

Evangelium – Einladung zum Festmahl

Ich möchte die *KatechetInnen* motivieren,
- vom Evangelium berührt zu werden,
- sich als Geladene(r) zu fühlen,
- sich als Einladende(r) zu fühlen,
- zu merken, in welchen Situationen sie Ausreden haben oder flüchten ...,

– zu merken, wo in ihrem Leben diese Problematik aufgetaucht ist,
– zu merken, ob sie sich vom Leiter wirklich eingeladen fühlen oder nicht.

Ich vertraue den *KatechetInnen*, daß sie
– das Mahl gerne gestalten werden,
– sich auf die Mahlfeier freuen,
– oder dies anderenfalls äußern würden.

Ich erhoffe mir, daß ich meinen erwachsenen Teilnehmern den Kelch und die Patene von Herzen gerne anvertraue, daß ich die nötige Ruhe aufbringe, mit ihnen im Raum umherzugehen. Ich wünsche mir, daß ich diese kostbaren Geräte schauend meditieren kann, daß ich mich zutiefst an ihrem Anblick freuen kann.

Welches Malmaterial werde ich wählen, um einen der Meßgegenstände bildnerisch zu gestalten?

Werde ich durch die Stilleübung in ein aufnehmendes Verhalten kommen? Kann ich dadurch deutlichmachen, daß nun etwas Besonderes folgt, nämlich, daß ich etwas von Jesus erzählen werde? Hoffentlich vergesse ich nicht aus diesem Grund, in der Mitte unseres Kreises eine Kerze anzuzünden.

Werden meine erwachsenen Teilnehmer sich von *mir* zur Mahlfeier eingeladen fühlen oder nur von mir in meiner Rolle als Kursleiter?

Ob wohl alle gerne die Mahlfeier vorbereiten?
Ich habe nun schon so oft erfahren, daß sich alle gerne beteiligen, daß jeder mit dabei sein möchte.

Meine anfänglich kritischen Anfragen an diese Kommunionvorbereitung belasten mich nun nicht mehr. Ich erlebe immer wieder neue Zugänge zur Eucharistie, daß es mir immer leichterfällt, mich in mein weiteres Angebot an die Väter und Mütter und weitere Katecheten immer tiefer einzulassen. Es verändert sich etwas in mir. Ich freue mich auf die Mahlfeier.

3. Verlaufsskizze

Ergänzungen zur Verlaufsskizze im »Werkbuch für Katechetinnen und Katecheten« (S. 151):

- Behutsam einen Gegenstand in die Hand nehmen oder in beide Hände nehmen (5), ihn im Gehen durch den Raum tragen und mit den anderen dabei einen Reigen bilden (Prozession),
- wenn die KatechetInnen den Wunsch verspüren, können sie mit allen anderen gemeinsam ein bekanntes oder neues Gabenlied dazu singen (6),
- die KatechetInnen dürfen ihren Gegenstand so lange tragen, gehen und singen, bis dieses Bedürfnis gestillt ist; bei Bedarf den Gegenstand auf den Tisch in der Mitte hinstellen und eventuell einen anderen nehmen.

Bei den KatechetInnen erübrigt es sich, die Hostie und den Wein zu probieren.

Bei der Einladung zum Mahl kann überlegt werden, in welcher Kleidung die einzelnen kommen möchten.

4. Materialien, die ich heute benötige

Runde, einfarbige Tischdecke

Schale mit Weizenkörnern

Schale mit Trauben

Bibel

Kreuz

Kerze, Kerzenteller

Patene

Kelch

eine Flasche Wein

Tuch zum anfänglichen Abdecken von Patene und Kelch

10. Arbeitseinheit

Wir feiern Mahl

1. Lern- und Erfahrungsmöglichkeiten

Hinweis: Der Verlauf dieser Arbeitseinheit richtet sich nach den Vorschlägen zur Arbeitseinheit 8 des »Werkbuchs für Katechetinnen und Katecheten« (S. 173).

Ergänzungen zu den Aspekten der *Besinnung* im »Werkbuch für Katechetinnen und Katecheten«:

Vorbereitung und Einzug

Die *KatechetInnen* werden erleben,
- sich auf die Mahlfeier zu freuen,
- daß die Vorbereitung des Festes schon zu Hause beginnt – Brot backen, eventuell Kleidung herrichten, auf einem Instrument alleine oder mit anderen etwas einüben, ein Blumengesteck herrichten, Wein besorgen, Tischkarten ...,
- daß schon beim Betreten des Raumes eine festliche Atmosphäre spürbar ist,
- daß jeder beim Bereiten auf dem Boden beteiligt ist,
- daß der Einzug zum Mahl in einem alten Prozessionsschritt zwar zunächst ungewohnt ist, jedoch in der Gemeinschaft auf angemessene Weise das Fest beginnen läßt,
- daß dabei das Tragen eines Weizenkorns auf der einen Hand und einer Traube auf der anderen Hand deutlich macht, was gefeiert wird,
- daß mit dem Einzug, dem Ablegen des Weizenkorns und der Traube auf den gedeckten Tisch und dem Einnehmen eines Sitzplatzes die Mahlfeier mit einem Reigen eröffnet wird.

Feiern des Mahls

Die *KatechetInnen* werden spüren, daß
- besonders dieses Mal die brennende Kerze in der Mitte des gedeckten Tisches ein Zeichen dafür ist, daß Jesus unter ihnen ist,
- dieses Mal alle viel Zeit haben, in das Licht zu schauen,
- in einer vorgelesenen Geschichte Brot schon auf die Eucharistie hinweist,
- Brot heute bei der Mahlfeier ganz besonders kostbar ist, daß es duftet, zum Schauen einlädt, getragen, geteilt wird und anders als sonst schmeckt,

– beim Hören des Evangeliums über die Einsetzung der Eucharistie Jesus unter ihnen weilt, weil sie zu seinem Gedächtnis essen und trinken,
– sie heute genügend Zeit haben, um sich auf Jesu Hingabe zu besinnen,
– auch die erfundenen Gebete aus der Weizenkorn- und Traubenmeditation etwas über ihren Glauben aussagen,
– sie im Miteinandersingen und -spielen etwas über ihre Freude an der Mahlfeier ausdrücken,
– ein Gespräch im Anschluß an einen gelesenen Text heute besonders besinnlich ist,
– Mitteilungen aus der Befindlichkeit einzelner ausgesprochen werden dürfen,
– Äußerungen darüber, wie die einzelnen zueinander stehen, dieses Mal aus besonders ehrlichem Herzen kommen.

Lichtertanz (vgl. S. 181)

Die *KatechetInnen* werden erleben, daß
– ein Lichtertanz ein besonders festlicher Ausdruck der Mahlfeier ist,
– die Improvisation mit brennenden Kerzen ein unbelastetes Miteinander und Aufeinanderzugehen voraussetzt,
– alle Lichter in der Hand der Tanzenden das Jesuslicht in der Mitte umkreisen,
– mit den brennenden Lichtern die gedeckte Tafel noch festlicher aussieht.
– Den *KatechetInnen* wird bewußt werden,
– daß sie das Mahl über Hören, Sehen, Riechen, Schmecken, Tasten, Fühlen feiern und keiner der Sinne ausgeschlossen ist.

Malen eines »Gemeinschaftsbildes«

Die *KatechetInnen* werden sich darauf einlassen, den Sinn des Wortes Kommunion – Gemeinschaft – auf einer neuen Ebene zu erfahren, indem alle
– nacheinander auf ein großes Blatt Papier malen,
– abwarten, bis der/die andere zu Ende gemalt hat,
– sich fragen: »Wo verhalte ich mich im Alltag ähnlich wie bei diesem gemeinsamen Malen?«

Ich vertraue darauf, daß ich die Teilnehmer vor der Mahlfeier ruhig und gelassen empfangen kann, auch wenn ich ein gemischtes Gefühl von Freude und Angst spüre.
Ich weiß, daß ich keine Gelassenheit da vorzutäuschen brauche, wo sie mir noch fehlt.

Ich wünsche mir, daß mir während der Mahlfeier bewußt bleibt, daß wir heute zusammengekommen sind, um miteinander zu essen und zu trinken.
Ich wünsche mir, daß es mir dabei gelingt, das Evangelium von der Einsetzung in die Mitte zu stellen und daß ich heute aufmerksam dafür bleibe, daß Jesus gesagt hat: »Tut dies zu meinem Gedächtnis.«

Ich wünsche mir, mich heute ungeteilt den Vätern und Müttern im Kreis zuzuwenden, daß alles das, was sie zu Hause vorbereitet haben und mitbringen, mein Herz erfreut.
Ich möchte merken und erfragen, was sie jetzt oder später im Verlauf der Mahlfeier wünschen.
Ich wünsche mir, daß ich spüre, welches Lied, welcher Text, welcher Tanz unser Fest verschönern helfen. Ich versuche mich darauf einzurichten, einen Lichtertanz anzubieten, auch wenn ich Hemmungen habe, mit einer brennenden Kerze durch den Raum zu gehen.
Ich möchte als ganz besonders wichtig die selbst geschriebenen Texte der Teilnehmer zur Weizenkorn- und Traubenmeditation im Auge behalten als Angebot zur Bezeichnung und Verinnerlichung für alle.
Ich möchte keine Gelegenheit zu einem Gespräch überhören, verpassen, an mir vorbeigehen lassen.
Ich wünsche mir heute, bereit und sensibel zu sein, alle Möglichkeiten in mir klingen zu lassen, ins Spiel zu bringen, zum Ausdruck kommen zu lassen, daß wir alle miteinander feiern können, daß wir glauben können.
Ich werde mir Mühe geben, dies mit dem neuen meditativen Tanz »Ani Ma'amin« auszudrücken.
Ich wünsche mir, daß ich heute, da wir erstmalig gemeinsam auf ein großes Blatt malen, als Ausdruck besonderer Gemeinsamkeit ganz tief erfahre, daß wir alle auf einem gemeinsamen Weg sind.

Ich wünsche mir, daß etwas von der Freude über Jesus und von der Festlichkeit im Miteinander auf mich zurückstrahlt.

3. Verlaufsskizze

Ergänzungen zur Verlaufsskizze im »Werkbuch für Katechetinnen und Katecheten« (S. 175):
Weitere Texte und Lieder für Erwachsene bereitlegen, auch von den KatechetInnen vorschlagen lassen. Diese Lieder und Texte gegebenenfalls während der Mahlfeier auswählen und vortragen – je nach Vorliebe der Teilnehmer. Ein Beispiel für viele andere mögliche Texte:

Ein Mann wurde einmal gefragt, warum er trotz seiner vielen Beschäftigungen immer so gesammelt sein könne.
Dieser sagte:

> Wenn ich stehe, dann stehe ich
> wnn ich gehe, dann gehe ich
> wenn ich sitze, dann sitze ich
> wenn ich esse, dann esse ich
> wenn ich spreche, dann spreche ich …

Da fielen ihm die Fragesteller ins Wort und sagten: Das tun wir auch, aber was machst du noch darüber hinaus?

> Er sagte wiederum:
>
> wenn ich stehe, dann stehe ich
> wenn ich gehe, dann gehe ich
> wenn ich sitze, dann sitze ich
> wenn ich esse, dann esse ich
> wenn ich spreche, dann spreche ich …

Wieder sagten die Leute: Das tun wir doch auch.

> Er aber sagte zu ihnen: Nein,
> wenn ihr sitzt, dann steht ihr schon
> wenn ihr steht, dann lauft ihr schon
> wenn ihr lauft, dann seid ihr schon am Ziel …

Chinesische Philosophie

Einen meditativen Tanz in einer gebundenen Form, der schon bekannt ist, oder einen einfachen neuen vermitteln oder einen, der ganz besonders Eucharistiefeier ausdrückt (Ani Ma'amin, auf: Shalom, Calig 30594; Tanzvorschlag in: H.M. Lander/M.R. Zohner, Meditatives Tanzen, Stuttgart 1987).

4. Materialien, die ich heute benötige

selbstgebackenes Brot auf Tonschale oder -teller, Korb

Tuch zum Zudecken des Brotes

Weißwein

Rotwein

Traubensaft

Kerze und Kerzenhalter

Streichhölzer

Blumengesteck oder Blumen in Vase

Tischkarten, von den Teilnehmern angefertig und mitgebracht

weißes, rundes Tischtuch, Durchmesser 80 bis 120 cm oder gemaltes Gemeinschaftsbild als Tischtuch

Weizenkörner in Tonschale oder auf Teller

Trauben in Tonschale oder auf Teller

Ähren in einem nicht zu hohen Tonkrug (damit man drübersehen kann)

Brotteller

Brotmesser (nur für die Situation, daß das Brot viel zu hart ist)

für jeden einen Tonteller

für jeden ein Glas oder einen Tonbecher

Streichhölzer

Instrumente, die bisher verwendet wurden,

von den Teilnehmern mitgebrachte Instrumente

erfundene Gebete aus der Weizenkorn- und Traubenmeditation

Casettenrekorder (Musik: Pavane Fidula Fon 1100, 5407 Boppard/Rh.)

Casetten mit der Musik der bisherigen Tänze

Menuett aus der Kleinen Nachtmusik von Mozart

Ani Ma'amin

Textblatt: Eine angefangene Geschichte vom Weizenkorn

Textblatt: Evangelium »Das Mahl« (Mk 14,17-25) als Geschenk für jeden Teilnehmer, z.B. mit Goldrand verziert

Darstellung des Abendmahls (in Bronze, Kunstdruck o.ä.)

rote Haushaltskerzen mit Kerzenrüschen für jeden Teilnehmer, jedes getrennt in kleinen Körbchen

kleine Glasleuchter für Haushaltskerzen in einem kleine Korb

Malmaterial (siehe Arbeitseinheit 2)

zusätzlich 6 weiße Bogen Tonpapier

Tesakrepp, 3 cm breit

Texte und Lieder für Erwachsene

»Ich fand es sehr ruhig und schön. Ich hatte an dem Morgen ein Problem und konnte sehr gut für mich sein. Meine Beziehung zur Gemeinschaft war dadurch etwas schwächer. Die Stille war für mich nicht beängstigend, sondern nur angenehm. Ich hätte mir wohl etwas mehr Gespräch gewünscht (Nach meiner Rückfrage, an welcher Stelle, sagt sie spontan:) »Nach dem Text, ›Wege entstehen, indem wir sie gehen‹.«

(zum Lichtertanz): »Ich glaube ja wirklich, daß ich das noch sehr lernen muß und daß ich schon ein kleines bißchen Zugang zum Kerzengehen bei Kindern gefunden habe. Wie gut Kinder und wie gerne sie das machen, habe ich ja am 1. Adventsonntag gesehen, als ich die Kleinkinder in der Kirche mit Kerzen habe gehen lassen. Meine Beziehung zu so etwas hat sich doch hier gebessert.«

»Gerade diese meditative Stille hat für mich ein starkes Gemeinschaftsgefühl vermittelt.«

»Mir ist die Bewegung zum Lied ›Vater unser‹ einfach zu viel. Ich habe sie zwar hier mitgemacht, aber ich nehme das nicht mit in meine Arbeit.«

»Es ist ja doch schwer, beim Mahl alles wie ein Kind zu machen. Aber es ist ja so wichtig für die Kinder, daß wir das mal so lernen.«

»Die Mahlfeier war ein sehr eindrucksvoller Morgen. Besonders fiel mir auf: Das Ganze verlief so prima, so gut aufeinander abgestimmt. In der Gruppe geht jeder sehr gut auf den anderen ein. Da wir aber ähnliches schon einmal bei der Tauffeier erlebt hatten, war das Bild, was nachher entstand, für mich noch wichtiger. Hier kam die Gemeinschaft der Gruppe sehr stark zum Ausdruck, dieses gegenseitige Ergänzen fand ich sehr schön.«

»Der Einzug zum Mahl mit einer Traube und einem Weizenkorn – jeweils auf einer Hand – war für mich sehr festlich. Alles Miteinandertun habe ich aufeinander abgestimmt und diszipliniert erlebt, obgleich es nicht abgesprochen war. Es war für mich sowohl fröhlich als auch feierlich. Ich freue mich darüber, daß wir alle Elemente des bisherigen Tuns ins Mahl hineinnehmen konnten: Hören, Sprechen, Singen, Tanzen, Musizieren, Zeichen legen (eine Darstellung in Silberfolie als Zeichen für Mitte), Brot essen, Wein trinken, erstmalig miteinander auf ein großes Blatt malen, Stille erfahren, Beten. Es war ein festliches Ergebnis unseres bisherigen Miteinandertuns im Kurs.«

»Mahl feiern – Malen. Feststimmung an einem gewöhnlichen Wochentag. Jeder hat etwas zur Gestaltung beigetragen, schönes Tischtuch und Servietten, eine schöne Kerze mit formschönem Kerzenhalter, ein Strauß Blumen in bunter Vase, ein Kreuz mit kleiner Familiengeschichte, Weißwein, Traubensaft, Trauben, ein selbstgebackenes Brot. Einzelne Dinge, Kleinigkeiten wurden zu einem Ganzen zusammengetragen. Es war Gemeinsamkeit, Gemeinschaftserleben erfahrbar. Der Einzug mit einem Lied hob die Stimmung. Nach dem Mahl (Essen, Trinken, Gitarrenspiel, Flötenspiel) erfolgte der Lichtertanz. Alles geschah für mich in einer ruhigen, frohen Atmosphäre, die ich als wohltuend empfand und mit mir eins werden ließ. Warum ist so etwas Schönes kaum in der eigenen Familie, trotz eigener Anstrengung, zu verwirklichen? (Ängste, eigene Unzulänglichkeiten, unzureichende Vermittlung von Erfahrungen.) Das Malen mit nur einer bestimmten Farbe, ohne zu reden, ließ mich die Begrenzung des eigenen Ichs erfahren. Das Ergänzen des Gemalten bei einem anderen erfordert Sensibilität, Selbstvertrauen und Selbstbewußtsein.«

11. Arbeitseinheit

Ins Spiel kommen

Eutonieübung
Ton und Eucharistie
Einführung der Handpuppen
Puppen helfen mir, eine Gestalt aus der Bibel spielerisch darzustellen

1. Lern- und Erfahrungsmöglichkeiten

Hinweis: Der Verlauf dieser Arbeitseinheit richtet sich nach den Vorschlägen zur Arbeitseinheit 9 im »Werkbuch für Katechetinnen und Katecheten« (S. 187).

Puppen helfen mir, eine Gestalt aus der Bibel spielerisch darzustellen

Es ist mein Anliegen beim Handpuppenspiel, die Puppe als Medium ganz eigenen Sprechens und Empfindens – das dem Alltags-Sprechen vorausgeht – zu benutzen, also auf kreative Weise die Sprache ins Spiel zu bringen.
Die Puppen sind eine Hilfe, erste Hemmschwellen im freien Sprechen zu überwinden.
(Im Katecheten-Werkbuch wird den KatechetInnen vor der Tonarbeit das Handpuppenspiel angeboten. Bei den Kindern ist es allerdings wichtig, daß sie ihre Erlebnisse vom Kommunionsonntag zunächst im Handpuppenspiel ausdrücken können.)

Es ist mein Anliegen, daß die *KatechetInnen*
- neugierig werden auf das, was zunächst in meiner Puppentasche versteckt liegt,
- Freude daran gewinnen, in Form einer Stilleübung eine Puppe nach der anderen herauszunehmen, genauer anzuschauen und sie den übrigen vorzustellen,
- mit einer Handpuppe Kontakt aufnehmen,
- sich wohl dabei fühlen, eine Puppe auf dem Schoß zu haben,
- der Puppe einen Namen geben und in ein freies Spiel einsteigen.

Der/Die *KatechetIn* wird erleben,
- für sich eine Rolle zu er-finden,
- daß die selbstgewählte Puppe (in der Hand – im Arm haltend) ihn/sie ermutigt, sich verbal zu äußern,

- in diesem Spiel bei sich neue Möglichkeiten des Sprachausdrucks zu entdecken,
- den anderen im Raum neu zu sehen und mit ihm mehr oder weniger auf neue Weise ins Spiel zu kommen,
- etwas zu sagen und von den anderen zu hören, was sonst nicht geäußert wird,
- daß die Handpuppe das Medium ist, mit dem er/sie sich selbst äußert,
- daß das Umkleiden der Puppe ihm/ihr diese vertrauter macht, und es erfreulich ist, die Puppe von einem ernsthaften Aussehen in einen lustigen Ausdruck zu verändern.

Ich möchte die *KatechetInnen* ermutigen,
- Anfragen an die biblische Geschichte stellen zu dürfen,
- sich mit Hilfe einer Handpuppe – in der Ichform gesprochen – äußern zu dürfen, wie er/sie sich als biblische Gestalt fühlt oder was er/sie als solche von sich selbst hält,
  oder welche Erwartung/Hoffnung er/sie als solche an Jesus hat,
- über den Text des Evangeliums hinauszudenken,
- sich die Frage zu stellen, was interessiert mich, worüber im Text nichts ausgesagt ist: Dies könnte die Familie, Freunde, Kollegen, Nachbarn, Vorgesetzte der biblischen Gestalt sein oder die Reaktionsweise umstehender Personen, die im biblischen Text nicht oder nur am Rand erscheinen,
- die biblische Geschichte gegenwärtig werden zu lassen, d.h. zu aktualisieren, und mit Worten aus dem eigenen Leben als KatechetIn, als Vater oder Mutter, als Arbeitnehmer/-geber zu sprechen,
- zu merken, was immer noch gilt, und ganz besonders für sie/ihn selbst,
- das wahrgenommene Wort über das Hören ihr Eigen werden und im Sprechen Gestalt gewinnen zu lassen,
- sich im Spiel mit Sprache neu zu entdecken, auch hier ihre Schattenseiten anzunehmen,
- sich eigenem Empfinden, Fühlen, Denken, Handeln bewußtzuwerden und auch dies in Sprache auszudrücken,
- eigene Grenzen zu bemerken und anzunehmen,
- die Lebensentscheidung einer biblischen Gestalt eventuell für sich anders zu lösen,
- zu merken, daß Schattenseiten, die an einer biblischen Gestalt aufgezeigt werden, auch im eigenen Leben vorhanden sind und damit Hinweise für die/den KatechetIn über die Art und Weise des Umgangs damit deutlich werden zu lassen,
- Schwierigkeiten einer biblischen Gestalt verstehen zu lernen und nicht an einem Ideal zu messen,
- vielleicht erstmalig zu erkennen: »Diese Geschichte gilt ja mir!«

Die *KatechetInnen* können lernen,

- aus eigener Initiative ins Spiel einzusteigen und sich nicht von anderen, denen Spielen besonders leicht fällt, an den Rand drängen zu lassen,
- auch andere zu Wort kommen zu lassen, nicht zu lange Selbstgespräche zu führen,
- realistisch die Zeit einzuschätzen, die dem einzelnen im Blick auf die anderen zur Verfügung steht,
- Verständnis zu haben, wenn jemand sich noch nicht verbal äußern kann, obgleich eine Puppe auf seinem/ihrem Schoß sitzt,
- nicht der Bequemlichkeit anheimzufallen: »Die anderen werden schon spielen!«, sondern wirklich teilzunehmen.

Die *KatechetInnen* werden

- merken, daß es hier nicht um die Aufführung einer biblischen Geschichte geht, sondern um situatives Spiel;

- spüren, daß die biblische Geschichte nicht mehr außerhalb steht, sondern zueigen wird, indem sie kreativ umgesetzt wird;

- merken, daß sie den Spielpartner anschauen und dabei die eigene Puppe mitunter vergessen, obgleich sie in ihrer Hand ruht,
  jeder/jede nur *die* biblische Gestalt spielen kann, die in ihm/ihr ist, und daß diese Art und Weise der Selbstdarstellung hilft, eigene Lebenssituationen deutlicher zu erkennen, sie eventuell anzunehmen und mit ihnen anders – sinnvoller umgehen zu können,
  sie sich untereinander in dieser Schwierigkeit der Konsequenz eigenen Handelns im Anschluß an diese Begegnung mit Jesus sowohl verstehen lernen als auch gegenseitig ermutigen können.

Ich erhoffe mir beim Puppenspiel die Gelassenheit und Spontaneität, die ich erlebte, als ich dies mit mehreren Freunden ausprobierte.

Ich möchte mich darauf einlassen, im Handpuppenspiel das zu sagen, was *ich* denke, was *mir* wichtig ist zu sagen, und nicht das, was jemand von meiner Rolle als Leiter erwarten könnte.

Ich möchte darauf gerichtet sein, daß Teilnehmer anhand einer biblischen Gestalt ihren eigenen Alltag spielen, ihre Tradition spielen und die Puppen sagen lassen, was sie selbst bedrückt.

Ob es mir und den Teilnehmern gelingt zu vergessen, daß wir eine Puppe in der Hand haben und mehr und mehr selbst diese Rolle ausfüllen?

Ich möchte heute viel Geduld haben gegenüber den Teilnehmern, das heißt den Augenblick des Einstiegs jedem einzelnen überlassen.

Ich möchte (wie auch bei allem Bisherigen) selbst mitspielen.

Ich bin darauf gerichtet, daß alle wichtigen Personen der biblischen Geschichte von den Teilnehmern übernommen werden.

Ich möchte mir vorbehalten, etwa einen Nachbarn zu spielen, weil ich dabei eventuell helfend mitspielen kann.

3. Verlaufsskizze

1. Begrüßung

Entweder singen oder Gespräche in Kleingruppen führen, bis alle KatechetInnen da sind.

2. Eutonieübung

Siehe Arbeitseinheit 2 in diesem Buch. Nach der Übung – ohne Namenrufen – auf der Kreislinie Platz nehmen.

3. Ton und Eucharistie (vgl. Arbeitseinheit 3)

Mit geschlossenen Augen den Ton empfangen und Kontakt zum Ton aufnehmen. Aus dem Erleben von Eucharistie mit geschlossenen oder offenen Augen Ton formen. Dabei wird keine bestimmte Aufgabe gestellt und auf jede Bewertung verzichtet.

4. Einführung der Puppen (vgl. S. 23/56)

Die Handpuppen liegen in Aufbewahrungskartons oder großen Taschen in der Kreismitte oder sie werden vom/von der LeiterIn in die Mitte geholt.
In Form einer Stilleübung wird jede einzelne Puppe aus dem Karton genommen, angeschaut und den übrigen KatechetInnen im Kreis gezeigt und zurück in die Mitte auf den Boden gelegt.
Jede/jeder kann eine Puppe auswählen, die ihr/ihm besonders gut – am besten gefällt.
Zum Kontaktaufnehmen mit dieser Puppe sollte den KatechetInnen Zeit gelassen werden.

5. Erstes Spiel mit der Handpuppe

Auswahl einer Puppe.
Kontakt zu ihr aufnehmen.
Ihr einen Namen geben.
Miteinander ins Gespräch kommen – Zeit lassen.

6. Handpuppe nach eigenen Vorstellungen gestalten

Utensilien für die Puppen – weitere Kleider, Haarschmuck, Kopfbedeckungen wie Hüte und Mützen, Dreieck- und Vierecktücher, Stoffstücke – in die Mitte legen.
Die KatechetInnen können die Puppe nach ihrem eigenen Geschmack gestalten. Dabei sind die Kleider grundsätzlich auswechselbar. Wesentlich ist, daß sie versuchen, Kontakt zu dieser selbstgebastelten Puppe aufzunehmen (vgl. S. 30).

7. Vorlesen einer biblischen Geschichte

Möglichkeit zu verbalen Äußerungen (Beispiel Zachäus, Lk 19,1-10)

8. Fragen an die KatechetInnen

»Wie fühlt sich die betreffende biblische Gestalt?«
oder: »Was hält sie von sich selbst?«
oder: »Welche Erwartung, Hoffnung hat sie an Jesus?«
Eine Puppe auswählen oder die schon neu gestaltete behalten. In der Ichform antworten.

9. Über welche wichtige Situation ist in diesem Text nichts ausgesagt?

Einigung auf eine Geschichte, die zu erfinden ist.
Entscheidung für eine Rolle und eine entsprechende Puppe (eventuell neu gestalten).

10. Spontanes Spiel mit Handpuppen

Der Leiter spielt mit oder bleibt außen und kann eventuell als NachbarIn helfend mitspielen.
Der Leiter sollte das Spiel beenden, wenn dies nicht rechtzeitig durch einen Mitspieler geschieht.

11. Rückblick auf das Handpuppenspiel

»Wie habe ich mich als ... erlebt?«
»Wie habe ich die übrigen in ihrer Rolle erlebt?«

12. Zweiter oder dritter Spielversuch

Die Puppen erübrigen sich. Die Teilnehmer übernehmen selbst Rollen. Überleitung zum Bibliodrama.

4. Materialien, die ich heute benötige

Ton (siehe Arbeitseinheit 3)
Handpuppen in großer Tasche, in Kartons ...

12. Arbeitseinheit

Wie erlebe ich die heilige Messe?

Wo finde ich meine Erfahrungen aus diesem Kurs im Geschehen der Eucharistiefeier wieder?

1. Lern- und Erfahrungsmöglichkeiten

Hinweis: Diese Arbeitseinheit wird *nicht* mit den Kindern durchgeführt.

»Wie erlebe ich die heilige Messe?«

Die *KatechetInnen* werden ermutigt werden,
- ihr Erleben der heiligen Messe zu äußern,
- sowohl erfreuliche als auch unerfreuliche Erfahrungen zu benennen.

Den *KatechetInnen* wird bewußt werden,
- was Messe für sie bedeutet.

Die *KatechetInnen* werden angeregt,
- Wesentliches vom Unwesentlichen zu unterscheiden.

Wo finde ich meine Erfahrungen aus diesem Kurs im Geschehen der heiligen Messe wieder?

Die *KatechetInnen* werden sich daran erfreuen können,
- Bilder der Eucharistiefeier (in allen einzelnen Teilen der Messe) in der Mitte am Boden liegen zu sehen,
- zunächst einmal zu schauen,
- zu merken, was sie im Laufe der letzten Monate im Kursgeschehen schon aus der Messe erlebt haben.

Den *KatechetInnen* wird bewußt werden, daß
- sie den Weg der Eucharistie gegangen sind, obwohl dieses Ziel nie genannt wurde,
- dies der Weg ist, mit dem Herzen zu sehen,
- dies ein Weg ist, der das Gemüt anspricht und den Menschen ganz in Anspruch nimmt, ihn leibhaftig glauben läßt.

Ich möchte heute lernen, innerhalb meiner Gruppe von erwachsenen Teilnehmern niederzuschreiben, wie ich persönlich die heilige Messe erlebe – ohne etwas zu beschönigen.

Ich möchte heute lernen, mich zurückzuhalten, wenn die KatechetInnen Karten mit einzelnen Stationen der Eucharistiefeier auswählen, die sie an das Geschehen in unserem Kurs erinnern.

Ich werden keine Karten aus dem Bereich des Hochgebetes wählen, wenn ich nach den Teilnehmern auch noch Karten vom Boden aufhebe. Dies ist denen vorbehalten, die unvorbereitet diesen Kurs besuchen.

Ich bin mir darüber im klaren, daß ich mich bei dieser Arbeit mit den Meßkarten auf eine Bestätigung oder Ablehnung des gesamten Kurs durch die Teilnehmer einlasse:

Führt der Kurs zur Eucharistie?

Haben wir sowohl Gemeinschaft untereinander als auch mit Jesus erfahren?

Oder: Haben wir über die eigene Gemeinschaft auch Gemeinschaft mit Jesus erfahren?

3. Verlaufsskizze

1. Begrüßung

2. »Wie erlebe ich die heilige Messe?«

Metaphernmeditation: »Messe ist für mich wie … «
Aufschreiben auf Papier, das die Form von zugeschnittenen Brotscheiben hat.
Die Antworten mit Hilfe eines Korbes einsammeln.
Die Metaphern werden reihum im Kreis vorgelesen.
Die beschrifteten Brotscheiben werden auf einen dunkelfarbigen Fotokarton aufgeklebt.
Darunter wurde bereits vorher eine ausgeschnittene Schale aufgeklebt.

3. »Wo finde ich meine Erfahrungen aus diesem Kurs im Geschehen der heiligen Messe wieder?«

Zuvor hatte der Leiter das »Meßbuch der Kinder« von Eleonore Beck und Henry Delhougne in die einzelnen Seiten zerlegt. Zwei fehlende Elemente der Messe sind ergänzt durch entsprechende Seiten aus dem Kinderbuch »So feiern wir« – Texte und Bilder zur Heiligen Messe – Ein Bestandteil der Werkmappe »Komm« (vgl. S. 24).
Der Verlauf der Messe ist in Doppelreihen ausgelegt – auf der einen Seite liegt ein fotografisches Element des Verlaufs, auf der anderen Seite ein dazugehörender Text. Die Bildkarte hebt neben der beschrifteten Karte den jeweiligen Meßabschnitt besonders hervor.
Ich frage: »Wo finde ich meine Erfahrungen aus diesem Kurs im Geschehen der heiligen Messe wieder?«
Die KatechetInnen gehen in Ruhe um die ausgelegten Meßdarstellungen und schauen.
Ich bitte, die entsprechenden Karten aufzuheben: Ihre Zahl ist nicht begrenzt.
Wieder im Kreis sitzend – um das Gerüst der Meßdarstellungen (vgl. S. 154/155) – zeigt jeder jeweils eine Bildkarte und die dazugehörige Schriftkarte und erzählt, warum er diesen Teil der Meßdarstellung gewählt hat. Dies dauert so lange, bis alle Karten gezeigt und Begründungen für die Wahl genannt worden sind.
Wir nehmen uns genügend Zeit für die nachfolgenden Gespräche, die zart und überraschend Erfahrungen der Teilnehmer, des Kursgeschehens, die Feier der Eucharistie, Erfahrungen mit den Kindern … zusammenbringen.
Abschließend schreibt jeder die Begründungen für die Wahl auf weiße Briefkarten.

Erläuterungen zum Übersichtsschema auf den Seiten 154/155

In der »Verlaufsskizze« wird unter 3. erklärt, wie die KatechetInnen mit Hilfe von Bild- und Textkarten den bisherigen Gang ihres Vorbereitungskurses mit dem Aufbau der heiligen Messe zusammenbringen können.

Auf dem Boden eines großen Raumes liegen
a. Kärtchen mit den Teilen der Messe (1 - 27),
b. daneben: Bildkarten, die diese Teile illustrieren (aus den genannten Bilderbüchern),
c. daneben: Textkarten (ebenfalls aus den unter 3. genannten Büchern).

Die Hauptteile der Messe und das Zueinander der verschiedenen Karten (a. - c.) entnehmen Sie bitte dem folgenden Übersichtsschema »Die Feier der heiligen Messe«.

Eröffnung	Wortgottesdienst
1 Einzug	6 Lesung
2 Begrüßung	7 Zwischengesang
3 Schuldbekenntnis	8 Evangelium
4 Gloria	9 Predigt
5 Tagesgebet	10 Glaubensbekenntnis
	11 Fürbitten

Eucharistiefeier	Abschluß der Feier

12 Gabenbereitung

13 Präfation

14 Sanktus

15 Wandlungsbitte

16 Einsetzungsworte **1.**

17 Einsetzungsworte **2.**

18 Bitte um Annahme

19 Großer Lobpreis

20. Vater unser

21 Bitte um Frieden

22 Brotbrechen

23 Einladung zur Kommunion

24 Kommunionspendung

25 Besinnung und Dank

26 Schlußgebet - Segen - Aussendung

27 Entlassung

4. Materialien, die ich heute benötige

Fotokarton oder Tonpapier, braun, 50 x 70 cm

aus Tonpapier geschnittene kleine Brotscheiben in hell-beige (etwa vierfache Menge der Teilnehmerzahl)

aus Tonpapier geschnittener Korb für die Brotscheiben in hell-beige
kleiner Korb für unbeschriftete Brotscheiben

Brotteller oder -korb zum Aufnehmen der beschrifteten Brotscheiben

Klebematerial (Prittstift, Uhu)

Meßkarten (siehe S. 153-155)

eventuell weiße Briefkarten, fünfmal so viele wie Teilnehmer vorhanden

schwarze Filzstifte, für jeden einen

5. Teilnehmeräußerungen

Im folgenden findet sich eine Auswahl von Äußerungen aus den Gesprächen dieser Arbeitseinheit zum Thema »Meine Erfahrungen aus diesem Kurs und das Geschehen der heiligen Messe«.

Einzug

»Meine Angst, die ich mitbrachte, drückt sich in dem fragenden Blick des kleinen Jungen aus. Aber, im nachhinein, das Miteinander war wunderschön.«

»Jeder ist gekommen aus einem anderen Haus, von einem anderen Ort. Wir treffen uns, begrüßen uns. Dann gehen wir zur Feier: miteinander. Wir machen miteinander Erfahrungen, die uns prägen. Daraus dürfen wir leben. Wir werden die Erfahrungen mitnehmen nach Hause, in unsere Familie. Unsere gemeinsame Feier ist Quelle, aus der wir die ganze Woche schöpfen.«

Begrüßung

»Ich wurde spontan an die Worte erinnert, mit denen uns H. von Anfang unseres Kurses an zu gemeinsamem freiwilligem Tun und Erfahren einlädt: ›Ich möchte euch einladen …‹; diese Worte möchte ich mir für meine Arbeit mit Kindern einprägen.«

»Dieses Bild erinnert mich besonders an unser erstes Treffen. Die Begrüßung war, ich würde sagen ›feierlich‹. Jeder war voller Erwartung und Spannung auf das, was wohl auf uns wartet.«

Schuldbekenntnis

»Dieses Bild erinnert mich ganz stark an die Ruhe und Stille, die ich immer wieder im Kurs erfahren habe. Einfach zur Ruhe kommen, und diese Ruhe mit hinaus in den Alltag nehmen.«

»Mich spricht dieses Bild an, weil das Kind darauf in sich gekehrt ist. Dieses In-sich-gekehrt-Sein durfte ich hier in unserer Gruppe für mich sehr stark erleben. Ich konnte noch so abgehetzt hier angekommen sein, ich fand doch nach kurzer Zeit meinen inneren Frieden und meine Ruhe. Auch beim Mahlfeiern konnte ich in mich hineinsehen und überdenken, wie es in mir aussieht. Auch was Schuld betrifft.«

»Dieses Bild macht mir deutlich, daß es mir durch den Kurs leichter geworden ist, offener zu den übrigen Menschen zu sein, meine Schuld zuzugeben und mich frei zu machen.«

Gloria

»Das Gloria erinnert mich an die Weizenkorn- und Traubenmeditation, die ich als Loblied auf Gott empfunden habe.«

»Jesus begegnen ist jedesmal ein Fest. Auch wir haben gesungen und getanzt. Das war jedesmal ein kleines Fest. Wir könnten fast sagen, H. begegnen, ist jedesmal ein Fest, oder der Gruppe zur Vorbereitung auf die Erstkommunion begegnen, ist jedesmal ein Fest.«

Tagesgebet

»›Ich werde still‹. Im Kursus habe ich vom 1. Treffen an gespürt, wie wichtig es für mich ist, still zu werden und alles Neue, wichtige Tun in Stille aufzunehmen. Diese Ruhe und das geordnete Tun, geben mir die Möglichkeit, empfänglich und konzentriert zu bleiben.«

»Die Stille in dieser Woche hat mir gutgetan. Ich konnte viel besser beten.«

Lesung

»Ich habe gelernt zuzuhören, still zu werden, um die Texte, die immer wieder in unser gemeinsames Tun einfließen – aus der Schrift oder von uns selber –, ganz aufnehmen zu können.«

Zwischengesang

»Das gemeinsame Singen im Seminar habe ich als wesentliches Element in der Erfahrung der Gruppe empfunden. Es heißt: ›Singen ist doppeltes Beten‹. Das gemeinsame Lied hat die wöchentlichen Treffs belebt und wertvoll gemacht. Halleluja!«

Evangelium

»Erinnerung an die Stellen aus dem Evangelium die H. uns vorgelesen hat und an unsere eigenen Texte, die wir uns gegenseitig vorgelesen haben und geschenkt haben.«

»Wir erlebten über Geräusche und Töne und vor allem über die Stille das Hinhören-können. Worte blieben dann nicht nur in unserem äußeren Gehörgang stecken, sondern brachten unser Inneres zum Vibrieren. Die Worte Jesu erfuhren dabei eine neue, manchmal unvermutete Resonanz.«

»Die Art und Weise, wie H. die Texte der Bibel vorgetragen hat, war sehr beeindruckend. Ich habe dadurch tiefer blicken können!«

»Ich war beeindruckt, wie wichtig auch das gesprochene Wort war. Eine Kerze ist beim Vorlesen angezündet, und das Blatt wurde auf einen vorbereiteten Tisch abgelegt.«

Predigt

»In unserem Kurs wirkt jeder Teilnehmer durch sein So-Sein wie eine Predigt. Jeder gibt von sich selbst ab; jeder empfängt aber auch von jedem anderen Teilnehmer. Diese gegenseitige Annahme und Bereicherung ist sehr frohmachend. Der Kurs ist eine potenzierte Predigt.«
»Predigt erinnert mich daran, daß wir das Wort Gottes in unserem Tun erklärt haben. Im Austausch unserer Er-fahrungen, im »Sich- Mitteilen« an die anderen wurde für mich immer wieder deutlich, was Predigt meint.«

Glaubensbekenntnis

»Unser ganzes ›Tun‹ hier in der Gruppe ist Glaubensbekenntnis.«

Fürbitten

»Jeder hat Anliegen und Probleme. Unsere Gemeinschaft gibt mir Kraft und Hilfe. Ich fühle mich verstanden, aufgefangen und gestützt. Ich habe Vertrauen.«

Gabenvorbereitung

»Das Foto erinnert mich daran, in welcher Ruhe und feierlichen Stimmung wir Trauben und Wein, Körner und Brot zur Mitte gebracht haben.«

Präfation

»Diesen Dank empfinde ich heute, nachdem wir uns gegenseitig mitgeteilt haben, was unser Empfinden ist, wenn wir Messe feiern. Ich danke für die Offenheit, mit der wir hier anderen begegnen. Ich kann so sein, wie ich bin und empfinde.«

Sanktus

»»Wir loben dich.«. Beim 4. Treffen haben wir das Lied ›Vom Aufgang der Sonne‹ erarbeitet. Wir haben es mit Körperausdruck gesungen, nachdem wir passende Gesten und Tanzschritte gesucht haben. Ich habe dieses Tun besonders stark als ›Lob Gottes‹ erlebt.«

Wandlungsbitte

»In diesem Kursus bin ich ein Stück weitergekommen in der Erkenntnis dessen, was dieser Ausspruch bedeutet. Ich habe gelernt zu be-greifen, was es heißt: Brot und Wein – Leib und Blut.«

»Ich habe die Karte gewählt, weil sie für mich den Kern des Kurses widerspiegelt. Die Wandlung, die wir vor allem bei der Brot- und Traubenmeditation selbst erfahren haben.«

»Wir erlebten ganz intensiv die Wandlung des Weizenkorns und der Traube. Diese Wandlung ist Symbol der Wandlung, die sich in uns vollziehen soll. Christus will uns in diesem Wandlungsprozeß begleiten; darum bot er sich an, für uns Brot und Wein zu sein.«

Einsetzungsworte 1. Teil

»Hier zeigt der Pfarrer das Brot. Dies erinnert mich daran, daß die Leute früher nicht zu diesem Brot aufschauen durften, sondern mit gebeugtem Kopf in der Bank knieten. Dabei ist es doch eine Freude, dieses Brot zu schauen, um es dann als etwas Besonderes in Empfang nehmen zu dürfen. Auch die Erinnerung an unser Mahl ist wieder da, wo wir das Brot gebrochen und geteilt haben. Ich bin der Meinung, dazu nicht unbedingt in der Kirche sein zu müssen. Bei der intensiven Beziehung innerhalb unserer Gruppe war Jesus oft näher als so manches Mal in der Kirche.«
»Bei diesem Bild muß man sofort an die Weizenmeditation denken. Das Brot, welches erst Weizenkorn, dann Weizen, dann Mehl war.«

»Auf dem Bild zeigt uns der Priester das Brot, um das viele unserer Treffen kreisten. Wir hielten die Weizenkornmeditation, und wir feierten gemeinsam das Mahl.«

»Einsetzungsworte – Jesus liebt uns sehr. Die so prall gefüllte Schale auf dem Foto erinnert mich daran, daß es bei uns so vieles zu ›schöpfen‹ gab. Hier wurde so viel verschenkt: Wunderbares – Staunenswertes – Schönes – Kostbares – Gutes: zu hören, zu sehen, zu riechen, zu fühlen. Jesus, danke für so viel Ausdruck der Liebe.«

Einsetzungsworte 2. Teil

»Ich habe gelernt, durch Hervorhebung, durch Schreiten, durch gesammelte Körperhaltung Kostbarkeit nachzuempfinden und auszudrücken.«

»Nehmt und trinket alle daraus. Bei der Traubenmeditation wurden wir eingeladen, alle aus einem Kelch zu trinken. Wir spürten so sehr stark unsere Verbundenheit untereinander.«

»Die Liebe Jesu ist stärker als der Tod. Die Weintraubenmeditation hat mir diese Worte viel nähergebracht. Ich verstehe besser, daß Jesus sterben mußte und kann in mir Bereitschaft entdecken, mich zu verändern, aufzugeben, zu verlassen … um fruchtbar, hilfreich für andere zu werden. Danke für diese Erkenntnis.«

Bitte um Annahme des Opfers

»Ich denke an den Satz, den wir gemeinsam in der Bewegung erfahren haben: Wir wollen leben, sterben und auferstehen!«
»So oft wir dieses Brot essen und von diesem Kelch trinken, verkünden wir Deinen Tod; das ist für mich Zentrum unseres Handelns.«

Großer Lobpreis

»Erinnert mich an Texte, die wir zur Weizenkorn- und Traubenmeditation entworfen haben.«

»Ich empfinde große Ehrfurcht durch unser meditatives Tun vor Brot und Wein.«

»Durch Tanz und Bewegung habe ich in dieser Woche meinen großen Lobpreis ausgedrückt. Ich habe erlebt, daß mein ganzes Leben Lobpreis sein soll.«

»Das Bild erinnert mich durch Kelch und Brotschale an verschiedene Themen, z.B. Weizenkornmeditation, Traubenmeditation und Mahlfeier.«

Vater unser

»Gott ist unser Vater. Ich durfte in der Gruppe die sein, die ich bin – und so sein, wie ich bin –, ich war angenommen. Jede und jeder wurde angenommen. Es hat mir gutgetan.«

»Erinnert mich an das oftmals runtergeleierte Vater-unser-Gebet in der Kirche und daran, wie anders ich dieses Gebet in unserem Kreis, besonders bei der Mahlfeier gefühlsmäßig nachvollziehen und singen konnte.«

Bitte um Frieden

»Durch das Erleben dieses Kurses fällt es mir in der Kirche leichter, den Friedensgruß weiterzugeben.«

»Bei diesem Foto erinnerte ich mich an die vielen Zeichen, die wir hier setzten: an das Handreichen, an die Symbolik im Tanz für Lob, Freude, Friede, an die Blick-Sprache, an die Worte des Friedens, der Versöhnung am Zachäusabend, an das Blatt als »danke schön« nach der Mahlfeier.«

Brotbrechen

»Mir ist in dieser Woche immer wieder neu bewußt geworden, daß Jesus sich täglich für uns brechen läßt, damit wir alle Anteil an ihm (an seinem Leib) haben und er so zur Mitte unserer Gemeinschaft wird.«

»Mir kam spontan der Morgen, an dem wir miteinander Mahl gefeiert haben, in den Sinn. Wir haben zusammen Brot gebrochen und Kommunion erlebt.«

»Bei unserem gemeinsamen Mahl war ich vom ›Brot gegenseitig reichen‹ sehr berührt, da dies für mich ein deutliches Zeichen unserer Gemeinschaft war.«

»Bei der Mahlfeier brachen wir das Brot, teilten es miteinander. Wir aßen von dem einen Brot und fühlten, daß wir zu dieser Gemeinschaft gehören.«

»Wir haben miteinander geteilt: Brot und Wein, unsere Gedanken, Empfindungen und Fragen, unseren Glauben.«

»Ich habe dieses Bild gewählt, weil mir spontan einfiel, wie wir in der Gruppe miteinander das Brot geteilt und gegessen haben, obwohl wir alle so verschieden sind.«

Einladung zur Kommunion

»Jedes Treffen in unserem Kreis ist eine Einladung zur Kommunion, zum ›Miteinander Tun‹. Gemeinsames Singen, Beten, Meditieren, Stilleübungen und Erfahrensaustausch. Jeder, der bereit ist mitzumachen, ist eingeladen.«

»Einladung ist das Wort, das mich ganz tief getroffen hat. Ich wurde zu einer Mahlfeier eingeladen und wollte ein würdiger Gast werden. Die Vorfreude auf die Feier und die Ausarbeitung der Tischkarten haben bei mir die ganze Woche beflügelt. Ich war vor der Feier sehr aufgeregt.«

»H. hat uns zum Mahl eingeladen!«

Kommunionspendung

»Jesus schenkt sich (uns in) seinen Freunden. Ich fühle mich beschenkt durch die Kursteilnehmer, durch die liebevolle Vorbereitung. Ich fühle mich vereint in einer großen Familie, fühle mich gestärkt.«

»Die Bilder und der Text erinnern mich daran, daß wir miteinander das Brot und den Wein geteilt haben und uns gegenseitig das Brot gereicht haben.«

»Bei der Trauben- und Weizenkornmeditation habe ich der tiefen Liebe Jesu zu uns gedacht, wie er sich am Kreuz für uns hingegeben hat.«

»Wir sind mit Brot und Wein beschenkt worden. Wir haben es angenommen als etwas sehr, sehr Kostbares. Diese Kostbarkeit, verbunden mit Jesus, hat uns zur Mitte geführt. Wir haben den Weg zur Mitte gemeinsam Schritt für Schritt entdeckt und sind reich beschenkt worden.«

Besinnung und Dank

»Erinnerung an Stilleübung. Ruhe. Zu sich selbst kommen. Über sich nachdenken. Aufeinander warten können. Abwarten können.

»Besinnung und Dank habe ich besonders stark bei der Tauffeier erlebt. Besinnung darauf, daß ich selbst getauft bin. Aus diesem Grunde wurde mir im Laufe der Feier immer dankbarer zumute. Das Lied: »Ich will dir danken ...« habe ich tagelang zu Hause und unterwegs gesungen.«

Schlußgebet

»Dieser kurze Auszug erinnert mich spontan an unsere Weizenkorn- und Traubenmeditation – und daran, wie mich diese beiden Erlebnisse immer noch beschäftigen und hoffentlich auch noch lange Zeit beschäftigen werden.«

»Daß jeder von uns in seiner ihm eigenen Art nach Hause gehen kann in Erinnerung und Erleben der Gemeinschaft dieser Woche.«

»Ich habe erlebt, wie Menschen für mich Segen wurden und ich für sie und wir dies in der Segnung mit Öl ausgedrückt haben.«

»Geht hin in Frieden. Ein schöner Ausklang jeder Messe. Doch gebe ich diesen Friedensgruß weiter? In der Gruppe spüre ich ihn. Er ist da, der ›Friede‹.«

Entlassung

»Meine Arbeit in diesem Kurs bringt mir vieles. Aber nicht nur für mich, auch für andere, denen ich das Erlebte weiterschenken darf. Nach dem Kursus geht die Arbeit weiter und verspricht, genau so schön zu werden wie das Erlebnis, das ich hier machen darf. Text zu dieser Karte: ›Ich bin froh, daß ich meine Freude mit meinen Freunden teilen kann‹.«

«Wenn ich mir dieses Bild anschaue, dann denke ich unwillkürlich an die Schnittstelle unseres Kurses zum Alltag. Nach jeder unserer Kurseinheiten war die Konfrontation mit dem pulsierenden städtischen Leben um 12 Uhr beim Verlassen des Kursraumes wie das Auftauchen aus einer schwer zu beschreibenden inneren Tiefe. Auch wenn mein Gefühl beim Gottesdienst nicht von den genau gleichen Empfindungen bestimmt ist, so steht doch auch hier nach Segen und Sendung zumindest in ähnlicher Weise der Alltag als Fortführung des Gottesdienstes und christlicher Bewährungsfall an. Und schließlich denke ich auch an die Entlassung, den Abschied vom Kurs, der jetzt unmittelbar bevorsteht und der neben der geschilderten Tiefe auch seine Wunden und Narben hinterläßt.«

»Für mich waren ganz besonders wichtig die Stilleübungen, die brennenden Kerzen hier im Raum, die Lieder, die wir gesungen haben. Das hat mir Sicherheit gegeben, daß auch das Gefühlsmäßige dazugehört. Das habe ich bisher immer gescheut, weil ich dachte, die Eltern nehmen mir das übel, auch deshalb, weil ich nicht von hier bin, weil sie denken würden, ›das hat sie aus Richtung Süden mitgebracht.‹ Im Anfang wäre es für mich eine Hilfe gewesen, wenn sie hin und wieder Lernziele genannt hätten. Heute sage ich das natürlich nicht mehr. Ich kam nicht mit meinem Wissen zurecht. Erst jetzt, am Schluß, kann ich das Wissen mit dem, was wir hier getan haben, vereinbaren, aber erst jetzt. Wenn ich nach dem 5. oder 6. Morgen nicht mehr gekommen wäre, hätte ich gesagt, das ist nichts. Es ist mir vieles sehr schwergefallen, das Neue, die Bewegung ...« (vor Beginn dieses Kurses 7x Kommunionvorbereitung durchgeführt).

»Für mich hat es sehr lange gedauert, bis ich aus der Reserve kam. Für mich war das alles fremd. Es wäre für mich leichter gewesen, wenn sie Lernziele genannt hätten, gesagt hätten, wohin das zielt; aber es war mir klar, daß Sie Gründe hatten, das nicht zu tun. Für mich war völlig neu, daß es im Verstehen eine Kinderebene und eine Erwachsenenebene gibt. Ich habe mit Schrecken festgestellt, daß ich so selbstverständlich annehme, Kinder verstehen ja alles, was ich sage. Das hier gelernt zu haben, war für mich ganz besonders wichtig, daß ich auf das Niveau des Kindes runtergehen muß und daß Kinder Dinge schön finden, die ich nicht schön finde.« (5 eigene Kinder zwischen 11 und 5 Jahren, verantwortlich für alle 10 Gruppen der Pfarrei)

»Was bis jetzt gelaufen ist, war bisher nur Einstimmung. Jetzt müßte der Kurs beginnen. Erst jetzt kann ich voll einsteigen. Wenn wir morgens was Neues machten, war für mich fast alles zunächst unverständlich, aber da habe ich gedacht, jetzt erst recht. Ich höre nicht auf. Und am Nachmittag dieses Tages habe ich so langsam bis zum Abend gedacht, daß es ja doch einen Sinn haben könnte. Und dann war es mir abends immer schon etwas wohler. Der Kurs müßte mindestens noch drei Monate gehen. Diese Gesprächsrunde müßte weitergehen. Ich lerne jetzt auch viel von einzelnen hier im Raum, im Hinblick auf einen schlechten Ausgang einer Stunde mit den Kindern. Das Namenrufen war so fremd, das wäre besser später gemacht worden.« (Die übrigen meinen, »das mußte sein, daß dies zunächst unverständlich war«). – (Vor Beginn des Kurses 7x Kommunionvorbereitung durchgeführt)

»Ich bin immer freier geworden. Ich habe viel mehr Mut bekommen. Ich habe mehr Fantasie entwickelt; zum Beispiel singen die Kinder am Sonntag in der Kirche das ›Lobet den Herrn‹, das wir hier erfunden haben.«

»Ich habe unheimlich viele Ideen hier bekommen. Ich kann das natürlich nicht alles machen. Dann brauche ich Jahre.«

»Ich bin viel sicherer geworden. Ich habe Altes abgelegt.«

»Ich hatte es ja wirklich leichter hier als Sie, weil ich schon mehrere Studienwochen bei Frau G. mitgemacht habe. Im Anschluß an die erste Studienwoche hätte ich noch gar nichts umsetzen können. Das kam dann bei den weiteren – etwas, wenig. Und wirklich in der Kommuniongruppe so etwas machen, kann ich erst durch diesen Kurs hier. Ich konnte ja nicht mehr glauben, weil ich nichts mehr von all dem wissen wollte, und durch all dieses Tun hier und in den Studienwochen habe ich wieder eine Beziehung zum Glauben gefunden. Ich kann Ihnen so sehr empfehlen, mal eine Studienwoche mitzumachen.«

13. Arbeitseinheit

Abschluß der KatechetInnennarbeit

Abschluß der KatechetInnenarbeit

Ich versuche, mir die bisherigen Lern- und Erfahrungsschritte der KatechetInnen so deutlich wie möglich vor Augen zu halten.

Es ist mir als Priester, Pastoral- oder GemeindereferentIn ein Anliegen zu spüren,
- wo steht jede/jeder einzelne, wo stehen wir miteinander in der KatechetenInnen-Gruppe?
- wo noch etwas Wesentliches in meiner Gruppe fehlt;
- ob Situatives Vorrang haben muß;
- ob ich mich zur Erarbeitung einer der beiden Evangelien-Texte der Arbeitseinheit 9 oder 10 aus dem Katecheten-Werkbuch entschließen kann, vielleicht zu beiden.
  Möglicherweise habe ich zu einem der beiden eine besonders gute Beziehung und könnte es entsprechend gut vermitteln;
- welcher der beiden Texte – am besten nachfragen – von den KatechetenInnen bevorzugt wird (vielleicht beide).

Ich vertraue darauf, daß es mir im letzten Beisammensein gelingt,
- den Problemen in meiner Gruppe zu begegnen, die am vordringlichsten sind, gleich ob sie beziehungs- oder sachbedingt sind,
- keine neuen Probleme mehr hervorzurufen, die als unbearbeitet und ungelöst mit nach Hause genommen würden,
- eher Lern- und Erfahrungsschritte zu vertiefen und etwa durch einen weiteren Text aus dem Evangelium weitere Inhalte kreativ auszudrücken.

Hinweis:
Auch meditativ und kreativ weniger begabte KatechetenInnen möchten erfahren, wie sie Kinder etwas sinnvoller tun lassen können. Während der Kommunionvorbereitungszeit der Kinder ist daher ein regelmäßiges Zusammenkommen der KatechetenInnen mit dem/der LeiterIn zum Erfahrungsaustausch sehr wichtig. Die Dauer und Häufigkeit der Gruppenarbeit mit den KatechtenInnen während der Arbeit mit den Kindern wird von ihnen selbst gewünscht.

14. Arbeitseinheit

Die katechetische Arbeit bekanntmachen

Im Interesse dieses neuartigen Weges der Kinder zur Erstkommunion ist es sinnvoll, den Familien der Kinder die Arbeit konkret vorzustellen. Es ist hilfreich, auch die Großeltern zu diesem Informationsabend einzuladen, damit auch sie sich an neuen Erfahrungen des Kindes und seiner Eltern erfreuen können.
Innerhalb der Familie sollte so wenig wie möglich unverstanden bleiben.
Es bietet sich an, in einem großen Raum der Pfarrgemeinde die einzelnen Vorbereitungsnachmittage mit ihren Gegenständen getrennt voneinander (auf dem Boden) darzustellen.
Es ist wichtig, daß der Leiter oder eine(r) der KatechetInnen bei einer zeitlich festgelegten Führung im Blick auf die Gegenstände ausführt, was die Kinder am jeweiligen Nachmittag erleben.
Die Gegenstände stellen eine wertvolle Hilfe zum Verständnis der Erfahrungen, die die Kinder dabei machen können, dar. Sie lassen das Erleben deutlich werden.
Der rechte Zeitpunkt für diese Darstellung der Kinderarbeit liegt unmittelbar im Anschluß an die Mahlfeier und schließt zweckmäßig ein Wochenende mit ein.
Würde der Zeitpunkt früher gewählt, würden die wichtigen Erfahrungen wie Weizenkorn-, Traubenmeditation und Mahlfeier innerhalb der Familien und der Pfarrgemeinde ins Gespräch kommen, bevor die Kinder sie erlebt haben.
Damit so viele Eltern wie möglich diese Veranstaltung besuchen können, sollten rechtzeitig Einladungen verschickt und ausgehängt werden.
Bei dieser Veranstaltung können neben der Darstellung des Weges zur Erstkommunion die Kinderarbeiten, die im bildnerischen Gestalten entstanden sind, in einem weiteren Raum gezeigt werden.
Um diesen Weg der Kommunionvorbereitung möglichst wenig Mißverständnissen auszusetzen, ist es ratsam, möglichst vielen Menschen aus der Pfarrgemeinde diese neue Erfahrung zugänglich zu machen. Dazu gehört insbesondere der Pfarrgemeinderat und weitere Gremien.
Erfahrungsgemäß kommt dieses Tun, dieser neue Weg über die Familien der Kinder über die Pfarrgrenze hinaus ins Gespräch.
So möchte ich ermutigen, die in der Pastoral Tätigen aus dem eigenen Dekanat und auch interessierte Laien einzuladen.
Wird auf regionaler Ebene eine Fortbildung in der Arbeitsweise dieses Kurses angeboten, sollte gegen Ende der Arbeit eine Ausstellung, – bei der über die

Anschauung und über das Wort vermittelt wird, – über mehrere Tage angeboten werden.
Dasselbe kann entsprechend auf Bistumsebene geschehen. Sowohl auf regionaler als auf diözesaner Ebene ist es ganz besonders wichtig, die Pastöre der Teilnehmer rechtzeitig und auf persönliche Art einzuladen, am besten zu einer Eröffnungsfeier der Ausstellung. Es ist eine besonders schöne Geste der Teilnehmer, während bzw. gegen Ende der Eröffnungsfeier selbstgebackenes Brot und auch Wein anzubieten.
Bei den beiden letztgenannten Modellen könnten sinnvollerweise auch Arbeiten aus dem bildnerischen Gestalten der KatechetInnen vorgestellt werden, selbsterfundene Texte und Lieder aus der Weizenkorn- und Traubenmeditation oder aus anderem Erleben.
(Äußerungen der Teilnehmer z.B. zur Frage »Wo finde ich meine Erfahrungen aus diesem Kurs im Geschehen der heiligen Messe wieder?« – auf Stellwänden angebracht – sind eine deutliche Stellungnahme zum Erleben der erwachsenen Teilnehmer.)
Auch auf Dekanats- und Bistumsebene müssen Kinderarbeiten ausgestellt werden, um dadurch den Bezug zur Kinderarbeit aufzudecken. Von daher und ganz grundsätzlich ist es wertvoll, wenn der Leiter, der die Ausstellung und auch die Führungen gestaltet, auch Erfahrungen mit Kindern und ihrer Vorbereitung hat.
Wenn Fotos entstanden sind, tragen sie zum besseren Verständnis der Arbeitsweise bei.
Mit allen genannten Formen der Vermittlung dieser Arbeitsweise und anschließendem Angebot einer Ausstellung mit regelmäßigen Führungen habe ich erfreuliche Erfahrungen gemacht. Selbstverständlich dürfen die Besucher alle Gegenstände berühren. Bei der Führung kann der Leiter die Besucher zu Erfahrungen einladen – wie etwa Legematerial aus der Nähe anzuschauen, Orff'sche Musikinstrumente klingen zu lassen, Weizenkörner zu fühlen, Trauben zu pressen, erfundene Texte der Teilnehmer lesen zu dürfen.